피로
철학 상담

이 책은 한국연구재단 BK21[FOUR] 미래인재 양성 사업의 연구 성과를 엮은 것이며, 한국 연구재단 미래인재 양성사업의 사업비를 지원받았음

# 피로
# 철학 상담

김선희    박병준    이기원    이진오    홍경자

앨피

그 어느 시대보다 급변하는 21세기에 우리가 겪고 해결해야 하는 문제들도 그만큼 빠른 속도로 늘어나고 있다. 요즘 우리 일상을 지배하는 피로와 과로 그리고 번아웃burnout과 같은 현상은 더 이상 일시적인 현상이 아니라 심각한 일상의 문제로 자리하고 있다. 누적된 피로를 해소하기 위해 섭취하는 피로회복제나 영양제도 그만큼 많아지고 있다. 이와 같은 일상의 병리적 현상에 대한 진단적 성찰과 더불어 치유적 실천의 모색은 21세기 철학의 중요한 과제 중 하나다. 이러한 일상의 문제에 대한 철학적 접근은 철학 실천을 통해 가시화되고 철학상담을 통해 본격화된다. 철학이 지니고 있는 풍부한 이론적 연구를 일상의 문제 해결에 접목하려는 시도는 국내외 많은 철학실천가들에 의해서 시도되고 있다.

일상의 회복과 이상의 수리를 비전으로 삼은 강원대학교 철학과 BK21four '일상과 이상의 4CP철학실천 인재 양성' 교육연구팀은 이와 같은 시대적 요구에 부응하고자 철학실천의 장을 철학 클래스, 카페, 캠프, 클리닉으로 세분화하였다. 나아가 학생, 시민, 소수자, 내담자를 대상으로 교실, 카페, 야영지, 상담실 등의 장소에서 창의-비판적 사고, 소통, 배려, 공감 역량을 지원하고자 한다. 이 책은 일상의 회복과 이상의 수리를 관통하는 시대적 화두로서 '피로'를 철학상담의 관점에서 분석하여 그 원인 진단과 더불어 대안을 제시하는 국내 철학상담 전문가들의 글 다섯 편으로 구성되어 있다.

◆ ◆ ◆

김선희의 〈피로 회복, 사색적 삶에 예술적 삶을 품다〉는 삶의 피로의 장기화와 만성화의 철학적 원인을 분석하고 해소하고자 한다. 이를 위해 필자는 우선 양자택일이나 적자생존과 같은 사고방식이 지배하는 불안정한 세계 속에서 안정성을 확보하기 위해 완전무장하는 21세기 철벽인의 원형을 호메로스의 오디세우스와 세이렌의 조우를 통해 분석하고, 이 과정에서 완전무장을 요구하는 적자생존의 세계관과 피로의 상관관계를 드러낸다. 그 후 오디세우스의 피로의 원인 진단과 치료적 회복 간의 현대적 간극을 한병철의 사색적 삶과 활동적 삶의 상관 구조를 비판적으로 검토함으로써 보여 준다. 마지막으로 여전히 쇠사슬에 결박된 채 독수리에게 간을 쪼이는 고통, 즉 회복되지 않는 피로의 악순환에 시달리고 있는 프로메테우스의 쇠사슬의 정체를 확인하고, 이 사슬을 끊을 수 있는 방법으로 니체의 피로 회복 방법으로서 디오니소스적 삶을 '예술적 삶'이라는 신조어를 통해 제시한다. 특히 후기 그리스 문화의 그리스적 명랑성이 단지 황혼에 불과한 것은 아닐까 하는 니체의 전복적 물음을 오늘날 피로 회복 담론과 연결하여 생산적으로 재조명해 본다.

  박병준의 〈피로와 철학상담: '성과주체'에서 '열매주체'로〉는 오늘날 질병으로 인식되는 현대인의 만성적 피로가 근본적으로 어디에 기인하고 있는지를 노동(일)과 관련하여 검토하고, 피로사회를 극복하는 대안으로 '성과주체'의 삶에서 '열매주체'로의 삶의 태도 변화를 제안한다. 이를 위해 생존과 가치 실현의 목적 외에 우리가 가진 노동에 대한 잘못된 관념과 개념을 교정하고, 노동의 세계관에 대한 새로운 해석을 통해서 자기변형을 꾀하는 것의 중요성을 환기한다. 오늘날 현대인은 바쁜 일상 안에서 온전히 자기 존재로서 주체적 삶을 살지 못한다. 성과를 부추기는 사회에 매몰된 채 병적인 과잉긍정의 모습을 보이는 성과주체의 삶이 결코 주체성 있는 삶이라 할 수는 없다. 현대인의 삶에서 주체성 있는 삶은 가능한 한 성과를 내는 데 있지 않고 오히려 자기를 돌아보고 자기를 해방하는 '여유'에 있다. 이런 여유로움 속에서 우리는 비로소 진정한 자기를 발견할 수 있기 때문이다. 결코 충족될 수 없는 성과 욕망에 무방비적으로 노출된 사회에서 성과주체가 자기착취의 가학적 모습을 띤다면, 열매주체는 성과에 집착하지 않는 여유로움을 통해서 해방과 자유를 얻는다.

　이기원의 〈'피로' 시대의 돌봄과 주체적 신체성〉은 '피로'에서의 탈출과 회복을 위해 '신체'에 주의하여 '자율주체'의 회복과 돌봄이라는 측면에서 '신체적 돌봄'의 한 방법을 기술하고 있다. '마음 중심적 사고'는 '신체의 망각'을 유발했고 '신체'를 소외시켰다. 피로 시대에 나의 신체가 어떠한 상태에 있으며, 어떠한 상태에 있어야 편안한지를 생각하는 것은 신체를 혹사시키지 않기 위함이다. 신체가 편안해야 불안하지 않다. 신체를 편안하게 만들기 위한 한 방법으로 '즐김의 신체'를 생각해 볼 수 있다. '즐김의 신체'는 개인적 차원에서의 '즐김'과 공동체 차원에서의 '즐김'이 있다. 바쁜 일 상 속에서도 즐길 수 있는 신체를 지속적으로 생각하는 것이 필요하다. 물론 과도한 즐김은 신체를 손상시킬 수도 있다. 신체적 욕구를 무한정 추구하는 것이 아니라 중용적 신체를 의식하면서 편안하게 만드는 것이다. 신체의 건강함이 일상을 건강하게 만든다.

이진오의 〈피상적 피로와 실존적 피로: 철학상담 대상 탐색〉에서 필자는 첫째, 현대사회를 '피로사회'로 규정하는 한병철의 주장을 비판적으로 검토한다. 이때 필자는 《피로사회》에서 언급된 피로를 '피상적 피로'로 규정하고자 한다. 둘째, 필자는 개인이 자신의 고유한 존재인 실존에 대한 의미나 가치를 느끼지 못하고 또한 그것을 실현할 가능성도 발견하지 못한 채 지친 상태를 '실존적 피로'로 규정한다. 이때 필자는 실존적 피로의 성격을 드러내기 위해 그것을 난파, 절망, 불안, 실존적 공허, 허무감, 구토, 불안, 부조리, 권태와 같은 '실존적 증후군'과 관련해서 살펴본다. 셋째, 필자는 니체와 하이데거가 말한 '탈진', '구토', '무게', '따분함', '깊은 권태'와 같은 '실존적 피로증후군'을 허무주의의 맥락에서 탐구함으로써 실존적 피로의 시대적 배경과 존재론적 근원을 추적해 본다. 이 주장에 따르면, 실존에 대한 철학적 접근은 실존적 차원에만 머물지 않고 동시에 전체적이고 근원적인 성격을 확보할 수 있다. 끝으로 필자는 실존적 '불안'이 아니라 실존적 '피로'를 철학상담의 대상으로 삼아야 하는 이유와 그로 인한 강점에 대해 간략히 언급한다.

홍경자의 〈피로와 행복〉은 자본주의사회에서 현대인이 행복을 추구하면서도 행복하지 못한 이유로, 과도하게 행복 자체에만 집착함으로써 오히려 행복이 의무와 강요가 된 나머지 '행복강박증'을 불러오는 '부작용'을 지적하고, 그 '역기능'의 원인을 현대인의 '피로'와 연관하여 논의하고 있다. 현대인의 피로는 긍정적이고 낙관적인 사고를 지나치게 강조하는 데서 생겨난다. 이 글은 진정한 의미의 행복이 무엇인지 그 정의와 조건에 대해 해명하고, 낙관주의의 숭배라고 불리는 긍정성의 과잉이 지닌 문제점을 제시한 뒤, 긍정성의 집착에서 벗어나 부정성이 어떻게 치유와 연관하여 긍정적 힘으로 작용하는지 탐색한다. 나아가 긍정심리학과는 다른 차원에서 정신적 치유를 지향하는 철학상담이 어떻게 행복 치유로 나아가는지 그 접근 방식을 제안하고 있다.

　　　　　　　◆　◆　◆

새로운 연구 분야를 개척하고 실천의 영역을 확장해 가려는 시도는 고단하고 힘겨운 과정이다. 그러나 이 고단함과 노고가 없다면, 우리의 일상을 회복하고 이상을 수리할 수 있는 철학의 가능성도 그만큼 요원해질 것이다. 그러나 이 과정에서 자신을 과대평가하거나 과소평가하지 않고 자신이 할 수 있는 노력을 경주하는 일은 분명 소중한 가치를 갖는다. 이제 BK21$^{four}$ 1단계를 마무리하며 2단계로의 진입을 위한 깊은 들숨을 쉬어 본다.

2023년 2월

사업팀장 김선희

# 차례

# 피로 회복,
# 사색적 삶에 예술적 삶을 품다

| 김선희 |

이 글은 《니체연구》제35집(2019)에 게재된 〈피로회복과 '사색적 삶. 활동적 삶 그리고 예술적 삶'의 치료적 관계〉를 수정하여 재수록한 것이다.

# 삶vita, 피로에 빠지다

삶의 피로는 오늘날 신체적 피로에 심리적 피로와 정신적 피로가 더해짐으로써 장기화와 만성화로 치닫고 있다. 여전히 지속되고 있는 다양한 형태의 먹방 프로그램은 피로를 해소하고자 하는 인간의 가장 원초적인 위기를 드러낸다. 현대인들의 피로 회복 가능성이 지연되는 원인은 무엇일까? 왜 우리는 피로에 지쳤음에도 불구하고 멈추지 않는가? 그것이 일이든 공부든 아니면 심지어 운동이나 놀이든, 왜 우리는 휴식 없는 일상을 지속하고 있는 것일까?

현대인의 삶의 피로를 진단하고 치료하기 위해서는 피로 철학자 한병철이 진단한 성과사회의 자기착취적 현상 분석[1]을 넘어선 진단 · 처방적 철학담론을 살펴봐야 할 것이다. 이를 위해 필요한 것은 우리가 살고 있는 이 삶의 방식에 대한 분석적이고 비판적인 성찰이다. 이는 피로에 시달리는 우리 삶에 결정적 영향을 미치는 성과주체의 삶의 방식에 대한 진단적 성찰을 도울 것이며, 나아가 피로사회 속 피로인疲勞人의 피로 회복을 치유할 수 있는 철학상담의 토대를 제공할 것이다.

삶의 피로의 장기화와 만성화의 철학적 원인을 분석하기 위해 필자는 우선 양자택일이나 적자생존과 같은 사고방식이 지배하는

---

1 한병철,《피로사회》, 김태완 옮김, 문학과지성사, 2012.

피로 회복, 사색적 삶에 예술적 삶을 품다 |

불안정한 세계 속에서 안정성²을 확보하기 위해 완전무장하는 21세기 철벽인의 원형을 살펴보고자 한다. 이 원형을 호메로스의 《오디세이아》 중에서 오디세우스Odysseus와 세이렌Siren의 조우를 통해 분석하고,³ 특히 이 과정에서 완전무장을 요구하는 적자생존의 세계관과 피로의 상관관계를 드러낼 것이다. 이로써 현대인의 극단적 피로, 즉 철벽방어를 위한 신체결박과 과잉각성에 기인한 만성적 피로인이 지닌 병리적 삶의 증후로서 오디세우스의 유리세계琉璃世界의 병리적 위상을 살펴볼 것이다.

그 후에는 오디세우스의 피로의 원인 진단과 치료적 회복 간의 현대적 간극을 한병철의 《시간의 향기》⁴에서 드러나는 '사색적 삶 vita contemplative'과 '활동적 삶vita activa'의 상관 구조를 비판적으로 검토함으로써 드러내려 한다. 특히 호메로스의 오디세우스가 철

----

2 엘리엇 코헨은 논리기반치료Logic Based Therapy에서 개인의 삶과 세계관의 관계를 주목한다. 그는 LBT의 다섯 단계 중 네 번째 단계인 '철학적 해독제 구축'에서 현대인들이 빈번히 봉착하게 되는 11가지 주요 오류들 중 대표적인 오류인 '완전성에 대한 요구'를 주목하고, 이에 대한 철학적 해독제이자 초월적 덕로서 '형이상학적 안정성Metaphysical Security'을 제안한 바 있다. 그에 따르면 형이상학적으로 안정적인 사람은 자신이나 다른 사람들의 인간적인 오류 가능성과 한계들을 받아들이며, 완벽한 세상을 기대하지 않는다고 한다. Elliot D. Cohen, *The Workshop of Philosophical Counseling by Dr. Elliot Cohen 2012* (handbook), Taiwan: Fu Jen Academia Catholica, 2012, pp. 104-115.

3 이 장면을 계몽주의의 상징적 장면으로 해석함으로써 이를 비판적으로 접근한 대표적 담론은 호르크하이머와 아도르노 공저, 《계몽의 변증법》의 〈부언설명 1 오디세우스 또는 신화와 계몽〉이다. M. 호르크하이머 · Th. W. 아도르노, 《계몽의 변증법》, 김유동 · 주경식 · 이상훈 옮김, 문예출판사, 1995, 77~122쪽. 국내 관련 연구서는 다음과 같다. 양해림, 《디오니소스와 오디세우스의 변증법》, 철학과현실사, 2000; 노성숙, 《세이렌의 침묵과 노래》, 여이연, 2008.

4 한병철, 《시간의 향기: 머무름의 기술》, 김태완 옮김, 문학과지성사, 2013.

벽방어를 위해 선택한 전략인 신체결박과 귀의 봉인을 선두로 한 사유 중심으로의 전환이 한병철의 담론에 있어서 사색적 삶과 활동적 삶으로 이분화되는 동시에 사색적 삶으로 회귀하는 역설적 현상을 비판적으로 주목해 보고자 한다. 사색적 삶이나 스콜라적 삶의 특권화와 더불어 신체적 활동에 대한 혐오의 역설적 결과를 살펴볼 것이다.

　마지막으로 여전히 쇠사슬에 결박된 채 독수리에게 간을 쪼이는 고통, 즉 회복되지 않는 피로의 악순환에 시달리고 있는 프로메테우스의 쇠사슬의 정체와 이 사슬을 끊을 수 있는 방법을 니체Friedrich Nietzsche의 《비극의 탄생》의 〈자기비판의 시도〉가 제시하는 피로 회복 방법으로서 디오니소스적 삶을 '예술적 삶vita-artiva'이라는 신조어를 통해 제시할 것이다. 특히 후기 그리스 문화의 그리스적 명랑성이 단지 황혼에 불과한 것은 아닐까 하는 니체의 전복적 물음을 오늘날 피로 회복 담론과 연결하여 생산적으로 재조명해 볼 것이다.


## 피로의 원형: 호메로스, 신체결박과 귀의 봉인 그리고 음악의 죽음과 사유의 지배

파스칼 키냐르Pascal Quignard는 《부테스Boutès》에서 세이렌의 노랫소리를 듣기 위해 바다로 뛰어든 아르고 원정대의 일원인 부테스를 재해석한다.[5] 부테스의 행동은 호메로스의 오디세우스[6]에 익숙한 우리에게 충격적으로 다가온다. 그는 오디세우스의 선원들처럼 귀를 밀랍으로 봉인함으로써 세이렌이 부르는 음악과 단절하지 않고, 오디세우스처럼 귀의 봉인을 해제하는 대신 손발을 결박함으로써 음악과 기형적 관계를 맺지도 않는다. 부테스는 세이렌의 음악 속으로 뛰어든 자, 그리하여 익사할 운명이었을 자, 그러나 아프로디테에 의해 구원된 자. 부테스는 세이렌의 음악과 생존의 양립 불가능성의 담론에 사로잡혀 아예 음악을 부정하는 호메로스의 오디세우스와는 매우 다른 삶의 양식을 보여 준다.

서구 지성사에서 호메로스의 오디세우스, 특히 세이렌과의 조우에서[7] 그가 보인 모습은 그야말로 지혜로 구원자가 된 철학적 영웅이었다. 그의 지혜는 선원들에게 생존을 선사했을 뿐만 아니라, 자기 자신에게도 생존과 더불어 음악까지 선사했다는 점에서 진정한 철학적 영웅이었다. 그러나 과연 오디세우스는 진정한 영웅인가? 그가 지혜를 통해 생존과 음악을 취하는 과정에서 잃은

---

5 파스칼 키냐르, 《부테스》, 송의경 옮김, 문학과지성사, 2017. 이 책은 기원전 3세기경 아폴로니오스Apollonios de Rhodos의 작품인 《아르고 원정대》를 배경으로 다룬 작품이다. 특히 아르고 원정대의 50여 명의 영웅들 중 잘 알려지지 않은 부테스를 주인공으로 한다.

6 Homer, Übersetzt von Johann Heinrich Voss, *Odyssee*, Stuttgart:Reclam, 1977.

7 세이렌과 조우하는 자들의 운명이나 삶에 대한 신화적 담론은 호메로스와 아폴로니오스에 의해서 전해진다. 이에 대한 현대적 재해석은 다시 카프카(Franz Kafka, "Das Schweigen der Sirenen", *Hochzeitsvorbereitungen auf dem Lande und andere Prosa aus dem Nachlaß*, Frankfurt am Main: Fischer Taschenbuch Verlag, 1976, S. 58~59.)에 의해서 그리고 최근에 키냐르에 의해서 조명되었다. 논자는 이를 니체와의 상관성 속에서 단계적으로 연구할 예정이다.

| 그림 1 | the Tomb of the diver in Paestum (B.C. 470-480).

것은 없는가? 이를 오디세우스와 마찬가지로 세이렌들의 섬을 지나가야 했던 아르고 원정대의 오르페우스Orpheus와의 비교로 시작해 보자.

　　그들은 노를 젓는다. 계속 젓는다. 바다 위를 달려간다.… 여인의 얼굴을 한 새들이 사는 섬에 접근한다. … 갑자기 놀랄 만큼 아름다운 여자 목소리가 울린다. 목소리는 바다 위를 날아 노 젓는 사람들에게 와 닿는다. … 그들은 즉시 노 젓는 걸 멈춘다. 노래가 듣고 싶어서이다. 노를 놓아 버린다. 자리에서 일어선다. 돛을 풀어 내린다. … 바로 그때 오르페우스가 배의 갑판으로 올라와 앉는다.[8]

---

8　파스칼 키냐르, 《부테스》, 7~8쪽.

피로 회복, 사색적 삶에 예술적 삶을 품다 |

오르페우스는 선원들이 세이렌의 노랫소리에 취해 바다로 뛰어들려는 바로 그 순간에 키타라를 연주한다. 그는 강렬한 연주로 세이렌의 노랫소리를 무화시킴으로써 자신과 일행들을 세이렌의 음악으로부터 차단시키는 작전을 펼친다. 이로써 그는 자신과 일행의 생명을 구하는 데 성공한다.[9] 물론 키냐르가 주목했듯이 오르페우스의 작전은 선원 중 한 명인 부테스를 세이렌의 영향력으로부터 차단하는 데는 실패한다.[10]

시간상 아르고 원정대 이후에 이 섬을 지나게 되는 호메로스의 오디세우스는 키르케Kirke가 준 지혜에 따라 세이렌의 위험을 대비할 치밀한 준비를 한다. 그는 선원들이 세이렌의 목소리를 들을 기회 자체를 사전 봉쇄한다. 오디세우스는 오르페우스의 저 순간 이전에 이미 세이렌들의 목소리에 대항해 완전무장한다. 그것은 익히 알려져 있듯이 선원들의 귀를 밀랍으로 봉인하는 것이다. 하지만 그는 자신의 귀는 열어 놓고, 그 대신 돛에 자신의 손과 발을

---

9　이 신화는 왜 세이렌의 음악이 죽음을 부르는 음악이고, 이에 대적한 오르페우스의 음악은 저 죽음을 부르는 음악을 무력화할 뿐 선원들을 죽음으로 이끌지 않는지에 대해서는 침묵하고 있다. 이와 같은 맥락에서 보자면 음악은 일종의 파르마콘pharmakon으로서 독이 될 수도 약이 될 수도 있다. 음악은 그 자체로 독이거나 약이기보다는 용법에 따라서 독도 약도 될 수 있을 것이다. 쇼펜하우어와 니체에 있어서 음악을 위시한 예술의 치료적 양면성, 즉 전자에 있어서는 삶의 진정제로서 그리고 후자에 있어서는 자극제로서의 치료적 해석에 대해서는 다음을 참조: 김선희, 〈니체와 쇼펜하우어에 있어서 예술의 치료적 양면성: 성중독과 관련하여〉, 《니체연구》 제19집, 2011, 55~59쪽.

10　부테스가 오르페우스의 키타라 소리의 방해에도 불구하고 세이렌의 노랫소리를 들을 수 있었던 이유는 그의 예민한 청각이었다고 한다. Apollonius Rhodius, Edited by Richard Hunter, *Argonautica IV*, Cambridge: Cambridge University Press, 2015, pp. 891–919.

밧줄로 꽁꽁 묶게 한다.[11] 이렇게 치밀한 지혜로 오디세우스는 선원들과 자신의 생존을 유지하는 동시에 세이렌들의 노랫소리도 듣는다. 오디세우스의 이와 같은 전략은 오르페우스가 단지 부테스를 제외한 일행과 그 자신의 생존을 구한 것에 비교될 만하다.

그러나 오디세우스는 과연 얻기만 했는가? 오디세우스는 얻음과 동시에 잃었다. 잃은 것은 우선 세이렌의 음악이다. 전해지는 이야기에 따르면, 오디세우스 일행이 유유히 세이렌들이 사는 섬을 살아서 지나가자, 세이렌들은 바닷속으로 뛰어들어 익사했다고 한다.[12] 그 원인이 지나가는 선원들을 음악으로 취하게 하는 데 실패한 자가 맞이하게 될 운명이었든, 아니면 스핑크스처럼 패배한 자의 수치심에 의한 것이든 세이렌들은 익사한다. 그러나 세이렌의 죽음보다 더 근원적인 것은 세이렌 음악의 죽음이다. 이는 호메로스에 의해서 키르케의 입을 통해 오디세우스에게 전승된 사유, 즉 세이렌의 목소리를 듣는 것과 죽음의 등치관계[13]에서 전

---

11  Homer, Ibid., S. 171~172, S. 175~176.

12  세이렌이 꽃이 핀 풀밭 위에서 노래하며 지나가는 선원들의 목숨을 위협할 수 있는 노래를 부르는 이유를 묘사하는 텍스트로는 다음을 참조할 수 있다: Gaius Julius Hyginus(c. 64 BC-AD 17), *Fabulae* 141 (*The Myths of Hyginus*, translated and edited by Mary Grant, University of Kansas Publications in Humanistic Studies, no. 34, Lawrence: University of Kansas Press, 1960.) 또한 오디세우스 일행이 무사히 통과함으로써 죽음을 맞이하는 작품으로는 〈그림 3〉을 참조할 수 있다. 이 그림에서 수직으로 하강하는 세이렌의 투신 장면은 〈그림 1〉 부테스의 투신 장면을 연상케 한다. 나아가 20세기의 전거로는 다음 글을 참조: Franz Kafka, "Das Schweigen der Sirenen", *Hochzeitsvorbereitungen auf dem Lande und andere Prosa aus dem Nachlaß*, Frankfurt am Main: Fischer Taschenbuch Verlag, 1976, S. 58-59.

13  Homer, Ibid., S. 171.

| 그림 2 | John William Waterhouse, 〈Odysseus and the Sirens〉(1891)

승된 것이다.

주지하다시피 도시와 도시를 떠돌던 호메로스 자신 또한 노래하는 음유시인이었다. 그러나 세이렌의 노랫소리를 죽음과 등치시켰던 그의 노랫소리는, 서구 지성사를 음악에 대하여 적대관계화하는 것과 더불어 사유중심화로 전향시키는 키잡이 역할을 담당하게 된다.[14] 그러나 호메로스가 각인한 것은 음악과 생존의 양립 불가능성만이 아니라 이와 연동된 인간관이다. 즉, 호메로스를 통해 인간에 있어서 한편으로 사유의 우상화와 더불어 다른 한편

[14] 호메로스를 '교육적인 작가'나 '그리스 교육자'로 평가한 최근의 연구서로는 다음을 주목할 만하다: 에릭 A. 해블록, 《플라톤 서설: 구송에서 기록으로, 고대 그리스의 미디어 혁명》, 이명훈 옮김, 글항아리, 2011, 73쪽, 110쪽.

| 그림 3 | Siren suicide, Athenian red-figure stamnos (ca. B.C. 480-470)

으로 세이렌의 노랫소리와 귀, 그리고 몸의 관계에 대한 폭력적 규정이 초래된다. 이는 삶의 방향을 결정하는 인간관에 결정적인 영향력을 행사한다. 삶에 있어 사유의 우상화와 몸의 혐오는 그 이후로 플라톤을 비롯하여 서구 지성사에 변치 않는 불멸의 노랫소리로 자리한다. 그리하여 호메로스의 노랫소리인《오디세이아》는 귀의 봉인, 몸의 결박과 더불어 사유의 지배를 정당화하는 서막을 연다.[15]

---

[15] 감각의 봉인과 신체결박 그리고 이를 대행하는 사유의 위상은 이후로 플라톤에 의해서 철학적으로 이론화되고 이념화된다. 호메로스의 적대적 관계에 기반을 둔 이분법적 세계관은 플라톤의 형이상학을 통해 부단히 재생산되어 왔다. '쌍두마차와 마부'의 비유를 통해 흑마와 백마를 컨트롤하는 위치인 마부의 자리에 이성을 위치시키는 플라톤의 인간관은 호메로스와 상당히 유사하다. Plato, *Phaedrus, Plato in Twelve Volumes*, Vol.

피로 회복, 사색적 삶에 예술적 삶을 품다 |

이와 같은 정당화의 또 다른 피해자는 세이렌의 음악뿐만 아니라 사유의 지배 하에 자신의 몸을 결박한 오디세우스 자신이다. 호메로스는 자신의 주인공 오디세우스가 세이렌과의 조우에서 겪었을 후유증에 대해 침묵한다. 손발을 묶인 채 노래를 들은 오디세우스의 '그 후'에 대해 침묵한다. 만일 그의 말대로 세이렌들의 노랫소리가 사람을 유혹하여 바닷속으로 뛰어들게 할 정도로 치명적이었다면, 그 음악을 들은 귀는 물론 듣고도 꼼짝없이 결박되어 있던 몸도 상처투성이가 되었을 것이다. 개방된 귀와 봉인된 몸은 외상후스트레스장애PTSD: Post-traumatic Stress Disorder에 노출되었을 것이다. 그러나 호메로스의 노래에서 오디세우스는 아무 일 없었다는 듯 항해를 계속한다. 그리고 그는 그저 지혜로운 영웅으로 후대의 기억 속에 남는다.

신체와 오감, 특히 청각, 그리고 이에 상응하는 음악에 대한 불신과 적대적 관점에 기반을 둔 신체결박이나 귀의 봉인 그리고 음악의 추방은 삶의 허약화와 병리화를 수반한다. 왜냐하면 생존을 대가로 지불한 몸의 죽음으로 인하여 몸은 단지 노를 젓는 노동의 기능으로 축소되기 때문이다. 그리고 적대적 세계관 속에서 생존을 위한 투쟁의 선봉에 섰던 사유는 철벽방어를 위한 과잉각성의 기능으로 축소된다. 이로 인해 삶에서 자연과 오감이 지닌 심미적

9 translated by Harold N. Fowler. Cambridge, MA, Harvard University Press; London, William Heinemann Ltd. 1925, 246a~b.

이고 예술적인 치유와 회복 가능성은 원천적으로 차단된다.

이러한 현상의 지속과 장기화는 만성적 피로인의 출현과 더불어, 피로 회복력의 약화라는 이중적 병리화를 수반한다. 양립 불가능성에 기반을 둔 적대적 세계관이나 인간관은 위험한 타자로부터 자신을 지키기 위하여 더욱 강력한 방어벽을 구축하지만, 이 방어벽은 생존 유지를 위한 안정성과 동시에 그 방어벽 뒤에 자신의 생존을 위협하는 적을 상정함으로써 삶의 중의적 유리화를 수반한다. 즉, 방어벽으로 인하여 자신과 타자 사이의 소통 창구를 봉쇄함으로써 세계와 분리되는 삶의 유리화遊離化와 동시에 상정된 적의 공격에 대한 불안이 야기하는 불안정성으로 인하여 깨지기 쉬운 삶의 유리화琉璃化에 노출된다. 삶의 이중적 유리화는 삶을 위한 방어가 더 강해질수록 삶의 안정성이 더 불안정해지는 역설적 현상을 초래한다. 역설적이게도 생존을 위한 수단은 생존을 위협하는 수단으로 전도된다.

호메로스는 오디세우스에게 사유하는 인간의 탄생을 선사하는 대신 몸의 죽음과 음악의 죽음을 요구한다. 오디세우스가 이러한 대가를 지불하고 얻은 사유의 지배, 즉 신체나 감각 그리고 음악에 대한 적대적 관점은 그 후 오래도록 인류의 정신 속에 각인되어 인류의 삶에 치명적 영향력을 행사하게 된다. 그것은 바로 저 세계관의 지배 하에 있는 삶이 치러야 할 일상의 전쟁터화이자 전투화다.

이와 같은 고전적 세계관의 현대적 유형 중 하나가 성과사회라고 할 수 있다. 적대적으로 이분화되어 양립 불가능성에 고립된 세계 속 개인들은 자신의 생존을 위한 완전무장에의 요구에 강박적으로 시달린다. 그리하여 이들의 삶은 완전무장을 위한 과잉각성의 대가로 만성적인 정신적 · 정서적 · 신체적 긴장에 시달릴 수밖에 없다. 이러한 삶은 필연적으로 극도의 피로와 병리적 증상에 노출된다. 그리하여 저 오디세우스처럼 우리 자신은 이중적 유리화에 노출됨으로써 깨지기 쉬운 불안정성의 세계와 자아로 이루어진 삶에 사로잡힌다.


## 피로의 역설적 현상
: 한병철, 사색적 삶과 활동적 삶의 수직관계

이와 같은 호메로스적 세계관에 지배되는 21세기 오디세우스의 삶의 치료제, 즉 피로의 원인 진단과 회복을 한병철의 《시간의 향기》 속 사색적 삶과 활동적 삶[16]의 상관적 구조를 통해 비판적으로 검토해 보자. 호메로스적 오디세우스의 현대적 유형이라고 할 수

---

16 한병철의 vita contemplativa와 vita activa 개념 중 전자는 사색적 삶이나 관조적 삶, 묵상적 삶, 정신적 삶 등으로 번역 가능하며, 후자는 실천적 삶 또는 활동적 삶 등으로 번역될 수 있다. 그러나 이 글에서는 번역어들이 주는 의미의 혼용을 경계하기 위하여 두 용어의 음역인 '비타 콘템플라티바'와 '비타 악티바'를 사용할 것이나 번역본을 인용하거나 관련되어 논의할 경우는 사색적 삶, 활동적 삶이라는 번역어를 사용할 것이다.

있을 성과사회의 주체 유형은 프로메테우스다.[17] 한병철은 피로인의 신화적 원형을 카프카Franz Kafka의 단편, 〈프로메테우스〉[18]를 재해석함으로써 제시한다. 카프카의 프로메테우스에 대한 한병철의 재해석은 피로의 원인으로서 성과주체의 삶의 과잉활동성에 주목한다. 그러나 그는 과잉활동, 소위 과잉활동적 삶hyper-vita acktiva의 원인을 성과주체 외부가 아닌 내부에서 찾는다. 그는 성과주체의 자기착취 구조를 폭로한다.[19]

그러나 이 과정에서 그의 분석은 자기착취적 구조에서 착취의 주체인 자기를 욕망으로 상정함으로써 심리학적 기제 내에 머물게 된다. 그는 그 자기가 단지 심리적 욕망이나 탐욕 이외에 세계관이나 인간관 같은 철학적 요인일 수 있음을 주목하지 않고 있다. 그리하여 그의 성과주체와 그것의 전신인 푸코Michel Foucault의 규율주체에 대한 그의 분석은 시종일관 프로이트Sigmund Freud의 정신분석 주변에 머문다. 심지어 규율주체의 규율을 분석할 때조차도 프로이트의 오이디푸스적 도식에 머물러 있다.[20] 정신분석

---

17  한병철, 《피로사회》, 81~82쪽 참조.
18  프란츠 카프카, 《변신: 단편전집》, 이주동 옮김, 솔, 2007, 577쪽.
19  이를 위한 피로사회와 주체들의 병리적 현상에 대한 선행 연구는 다음과 같다: 김선희, 〈'피로사회'에 나타난 주체들의 병리적 유형화와 치료적 접근〉, 《철학연구》 제107집, 2014.
20  한병철, 《피로사회》, 83~104쪽 참조. 그가 우울증에 관한 에랭베르Alain Ehrenberg의 분석이 지니는 심리학적 한계를 지적하면서 심리질환과 자본주의적 자기착취 관계의 상관관계를 주목할 때조차도 그는 자본주의적 착취 관계를 추가할 뿐(한병철, 《피로사회》, 111쪽 참조), 규율사회에서 성과사회로의 이행 과정을 초자아의 긍정화를 통한 이상자아화로 해석하는 심리학적 도식을 전제하고 있다(한병철, 《피로사회》, 102쪽 참조). 이와 더불어 철학적 근거는 주변부에 머문다.

| 그림 4 | John William Waterhouse, 〈Odysseus and the Sirens〉(1891). 이 부분도에서 손과 발의 결박과 귀의 봉인을 뚜렷이 확인할 수 있다.

기반의 해석이 지니는 한계는 피로의 두 유형으로서 '파괴적 피로'와 '치유적 피로'의 한계를 드러낸다.[21] 그의 담론은 전자와 후자를 말할 뿐, 전자에서 후자로의 이행 과정에 대해 취약하다. 심리적 기제에 기반을 둔 전자의 피로가 어떻게 카프카에서처럼 시간의 흐름에 따라 자연적으로 회복되는 치유적 피로로 이행하는가에 대해 침묵한다.

한병철이《시간의 향기》에서 피로사회의 피로인을 회복할 방법으로서 삶vita을 주목할 때는 어떠한가? 사색적 삶을 긍정하고 활동적 삶을 부정하는 한병철의 이원적 입장은 여전히 또 다른 한계를 노정한다. 그가 현대인들의 피로의 원인으로서 세계관을 주목할 때조차도, 그는 현실의 활동적 삶에 대한 염세적 세계관과 한가

---

21    한병철,《피로사회》, 81~82쪽 참조. 그는 피로를 두 가지로 이분화할 뿐 파괴적 피로에서 치유적 피로로의 전환, 즉 그 사이를 드러내지 않는다. 과연 한트케의 '노동하는 손'이 어떻게 '놀이하는 손'으로 이행하는지, 즉 그 사이에 대해 침묵하는 대신 이미 그 사이를 건너뛴 '우애의 분위기'를 통하여 피안의 세계에 머물고 있다. 그럼으로써 왜 성과주체가 정체성의 조임쇠를 느슨하게 풀어 놓는 '깊은 피로'의 도움으로 피로를 회복하지 못하는지를 제시하는 데 실패한다(한병철,《피로사회》, 70~71쪽 참조).

한 삶에 대한 이상화를 전제하고 있다. 사색적 삶의 상실을 아쉬워하는 긴 고찰[22]에서 그가 간과한 것이 있다. 노동의 가치 격상에 대한 루터의 논의나 캘빈주의[23]든, 아니면 일과 구원을 결합한 프로테스탄티즘의 현세적 금욕주의[24]든, 아니면 오늘날 여가사회나[25] 소비사회든[26] 이들의 공통점은 현실이 아닌 이상세계의 변형태들에 구속되어 작동된다. 그는 일, 즉 활동적 삶을 사색적 삶의 결핍 원인으로 진단한다. 그러나 이러한 활동적 삶의 배경에 전제된 세계관, 그것도 저 사색적 삶이 우상시한 세계관이 전제되어 있음을 포착하는 데까지 그는 이르지 못한다. 그가 아래와 같이 사색적 머무름의 부재나 소모되는 사물에 주목하면서 '지속적 머무름'의 멸종을 우려할 때 그가 놓친 것은 소비의 근본적 원인이다.

사색적 머무름은 지속되는 사물을 전제한다. 그러나 소비의 강요는 지속성을 철폐한다. 이른바 느리게 살기도 지속성을 정립하지 못한다. 소비 태도로 본다면 '슬로푸드'도 '패스트푸드'와 본질적으로 다르지 않다. 사물이 소모되기는 어느 쪽이나 마찬가지이다. 속도를 줄이는 것만으로 사물의 존재를 탈바꿈시

---

[22]  한병철, 《시간의 향기: 머무름의 기술》, 137~150쪽 참조.
[23]  한병철, 《시간의 향기: 머무름의 기술》, 143쪽.
[24]  한병철, 《시간의 향기: 머무름의 기술》, 145쪽.
[25]  한병철, 《시간의 향기: 머무름의 기술》, 149~149쪽.
[26]  한병철, 《시간의 향기: 머무름의 기술》, 149~150쪽.

키지 못한다. 진짜 문제는 지속되는 것, 긴 것, 느린 것이 멸종의 위기에 처해 있다는 것, 즉 삶에서 완전히 제거되어 간다는 데 있다.[27]

이와 같은 고찰에서 그가 놓친 것은 성과사회의 반대급부인 여가사회나 소비사회[28]가 비타 악티바로 인하여 병리화되는 것이 아니라 오히려 비타 악티바를 사로잡고 있는 세계관, 그것도 이상주의 중심의 이원적 세계관이라는 점이다. 그 이유는 사색적 삶의 상실은 바로 사색적 삶이 전제하고 있는 세계관과 뫼비우스 띠 관계를 지니고 있기 때문이다. 뿐만 아니라 회복 과정에 있어서 여전히 저 이원적 세계관이 전제된다면, 피로에 대한 근원적 진단의 실패와 더불어, 치료 또한 임시 방편이나 악순환에 노출될 것이다. 따라서 성과사회가 수반하는 피로 증후에 대한 근본적 치료는 사

---

27  한병철, 《시간의 향기: 머무름의 기술》, 150쪽 참조.

28  다음에서 피력하고 있는 그의 노동관이나 한가로움에 대한 묘사는 그가 지극히 이분적인 틀의 지배를 받고 있음을 입증한다: "노동은 꼭 해결되어야 할 삶의 욕구에 묶여 있다. 노동은 자기 목적이 아니라 수단이다. 필수적인, 궁지를 뒤집는not-wendend 생활수단 Lebens-Mittel인 것이다. 따라서 노동은 자유인의 품위와는 어울리지 않는다. 고귀한 태생의 인간이 궁지에 몰려 일을 하지 않을 수 없는 상황에 처한다면, 그는 심지어 그 사실을 숨겨야 할 것이다. 노동은 그에게 자유를 박탈한다."(한병철, 《시간의 향기: 머무름의 기술》, 129쪽) "한가로움은 모든 근심, 모든 궁지, 모든 강제에서 해방된 상태이다. 그 속에서 인간은 비로소 인간이 된다."(한병철, 《시간의 향기: 머무름의 기술》, 140쪽) "스콜라라는 고대적 의미의 한가로움은 노동과 비활동 모두를 넘어선 영역에 있다. 그것은 따로 교육을 통해 도달하는 특별한 능력이다. 그것은 '긴장 이완Entspannung'이나 '마음 끄기Abschaltung' 같은 연습이 아니다. 바로 테오레인, 진리에 대한 사색적 고찰로서의 사유가 한가로움의 바탕을 이룬다."(한병철, 《시간의 향기: 머무름의 기술》, 141쪽)

색적 삶이 아니라 사색적 삶이 전제하고 있는 세계관 검토를 통해서 가능하다.

사색적 삶의 형식은 "머뭇거림", "느긋함", "수줍음", "기다림", "자제"처럼 **후기** 하이데거가 "오직 일만 하는 어리석음"(Martin Heidegger, Aus der Erfahrung der Denkens, p. 89)에 맞세운 존재 양식과도 동일한 것이다. 이들은 모두 지속성의 경험에 바탕을 두고 있다. 그러나 노동의 시간, 더 정확히 말해 노동하는 시간은 지속성이 없다. 그것은 생산하면서 시간을 소모한다. 반면 긴 것, 느린 것은 소모와 소비의 손아귀에서 벗어나며, 지속성을 확립한다. 사색적 삶은 실천이다. 그것은 **노동의 시간**을 중단시킴으로써 **다른** 시간을 정립한다.[29]

이렇듯 그는 '시간의 향기'와 더불어 '머무름의 기술'을 제공하는 사색적 삶이란 지속성의 실천이며, 이는 노동의 시간을 중단시킴으로써 다른 시간을 정립한다고 강조한다. 그러나 그의 이러한 시도는 사색과 활동 간의 수직적 관계로 극단화된다. 비록 그가 "행동 없는 사색적 삶은 공허하고, 사색 없는 행동적 삶은 맹목적이다"[30]라고 명시하지만, 그의 글의 전체적인 흐름은 역설적이게

---

29  한병철,《시간의 향기: 머무름의 기술》, 150~151쪽.
30  한병철,《시간의 향기: 머무름의 기술》, 178쪽.

도 이 양자의 수평적 관계가 아니라 수직적 관계를 나타낸다.

그가 활동적 삶을 '시간을 소모'하는 것으로 규정하며, 여가 시간 역시 노동의 강제에 예속되어 있기에 사물은 파괴되고 시간은 허비되는 것으로 규정할 때,[31] 그의 담론에서 활동적 삶은 극도로 적대화된다. 이와 같은 적대화의 다른 한편에서 그는 시간과 공간, 지속과 넓이를 얻을 수 있기 위해 회복되어야 할 것으로서 사색적 능력을 강조한다. 즉, 그가 "사색적 머무름은 시간을 준다. 그것은 존재를 넓힌다. 활동하는 것Tätig-Sein 이상의 존재가 되도록, 삶은 사색적 능력을 회복할 때 시간과 공간을, 지속과 넓이를 얻을 수 있다"[32]고 강조함으로써 극단화되는 것은 양자 간의 수직 관계다.

그가 최종적으로 피로 회복의 진단과 처방에 있어서 비타 악티바와 비타 콘템플라티바의 수직 관계와 더불어 '하이퍼비타 악티바hyper-vita activa', 즉 과잉활동적 삶이 사색적 삶의 추방을 초래할 것이라고 보는 아래와 같은 진단은, 사색적 삶에 대한 과잉우상화가 역으로 과잉활동을 초래할 수 있음을 망각하는 대목이다.

모든 사색적 요소가 추방되어 버린 삶은 치명적인 과잉활동으로 귀결된다. 그리고 인간은 자기 자신의 행위 속에서 질식할 것이다. 사색적 삶을 되살려야 한다. … 가쁜 숨을 헐떡이는 사

---

31  한병철, 《시간의 향기: 머무름의 기술》, 181쪽.
32  한병철, 《시간의 향기: 머무름의 기술》, 181쪽.

람에게는 정신도 없다. 노동의 민주화에 이어 한가로움의 민주
화가 도래해야 한다. 그래야만 노동의 민주화가 만인의 노예화
로 전복되는 것을 막을 수 있을 것이다.[33]

사색으로 무장한 오디세우스의 삶을 연상케 하는 비타 콘템플
라티바가 지양하는 삶의 역기능은 역설적이게도 과잉활동적 삶이
다. 왜냐하면 사색적 삶은 노동이 없는 한가한 세계를 추구하기
때문에, 노동이 없는 한가한 세계에 살기 위해서 노동을 해야 하
는 역설적 상황에 노출되기 때문이다. 이는 바로 비타 콘템플라티
바에 대한 선호가 비타 악티바에 대한 혐오의 모습을 지님으로써
갖게 되는 세계관 역설이다. 이와 같은 사색적 삶이나 스콜라적
삶의 우상화는 역으로 신체적 노동을 혐오하는 세계관을 상정한
다. 이는 개인들로 하여금 단지 전자에 도달하기 위한 수단으로서
후자에 몰두하게 하는 이상 현상을 수반한다. 그리하여 역설적이
게도 비타 악티바의 강화를 초래한다.

이처럼 피로에 대한 양자택일적 진단, 즉 활동적 삶을 원인으로
진단하는 데 근거해 치료에 있어서 활동적 삶을 배제하는 사유적
삶의 처방은, 그 처방 자체가 치료제가 아니라 역으로 피로의 원
인이자 증후일 수 있음에 대한 자기비판의 부재다. 이는 니체가

---

[33]  한병철, 《시간의 향기: 머무름의 기술》, 181쪽.

피로 회복, 사색적 삶에 예술적 삶을 품다 |

《도덕의 계보》에서 '피로의 시대이며, 황혼의 시대, 쇠망의 시대'[34]
의 증후가 아닌지를 경계하면서 '백배나 나쁜 것'으로 본 '관조하
는 자들'[35]에 대한 경계심을 간과한 결과이다. 이로써 한병철의 진
단과 처방이 제안하는 이분법적 삶은 피로 회복이 아니라 피로의
악순환에 노출될 것이다.


## 피로 회복
: 니체, 대지와 신체의 긍정[36]으로서 비타 아르티바[37]


호메로스에 의해 손과 발이 결박된 오디세우스, 그리고 오디세우
스의 현대적 변형으로서 한병철의 프로메테우스의 신체는 바위에
쇠사슬로 결박되어 있다. 지금도 프로메테우스는 여전히 쇠사슬
에 온몸이 결박된 채로 독수리에게 간을 쪼이는 고통, 즉 악순환
적인 피로에 시달리고 있다. 과연 현대인을 결박하고 있는 쇠사슬

---

34　프리드리히 니체, 《도덕의 계보》, 김정현 옮김, 책세상, 2002, 529쪽.

35　프리드리히 니체, 《도덕의 계보》, 534쪽.

36　이 절에서 논의되는 이론적 고찰은 니체의 디오니소스적 인간관과 세계관에 대한 다음
　　연구를 전제로 한다: 김선희, 〈또 하나의 죽음, 자살에 대한 니체의 철학적 부검과 철학적
　　알리바이: 디오니소스적 산파술, 죽음에의 의지에서 삶에의 의지로의 전환〉, 《니체연구》
　　제22집, 2012, 106~123쪽 참조.

37　배철현, 〈배철현의 '21C 대한민국과 단테의 신곡'〉, 《매경이코노미》 제1973호, 2018년 8
　　월 29일~9월 4일. 이 기사에서 배철현은 비타 아르티바를 일회적으로 사용한다. 이 글에
　　서 논자는 '비타 아르티바'를 니체 철학이 추구하는 디오니소스적 삶으로서 예술적 삶을
　　나타내는 개념으로 사용하고자 한다.

| **그림 5** | 니체의 《비극의 탄생》 초판 표지. 손과 발의 결박이 풀린 프로메테우스.

을 끊을 수 있는 방법은 무엇일까? 니체는 데뷔작 《비극의 탄생》을 통해서 그 해법을 선취한 바 있다. 쇠사슬을 끊고 자유로워지는 프로메테우스의 손과 발을 강조한 그림을 초판 표지에 담은 니체의 《비극의 탄생》은 피로의 진단과 회복에 대한 치료적 담론의 관점에서 다시 주목할 필요가 있다. 음악 정신이나 비극 그리고 디오니소스에 대한 니체의 주목을 오늘날 피로 회복 담론과 연결하여 재조명해 보자.

'음악의 정신으로부터 비극의 탄생'이라는 초판 제목에서 시사하듯이, 비극의 탄생은 음악을 근거로 하고 있음을 알 수 있다. 이는 음악이 아니라 대사를 중심으로 하는 비극, 즉 아리스토텔레스의 《시학》에서도 명시되고 있는 비극의 제1요소로서 플롯을 위치시키는 동시에 노래를 다섯째 요소로 위치시키는 비극과의 변별을 의미한다. 아리스토텔레스적 비극에서는 인간의 원초적 삶의 피로와 회복 사이에 올 수 있을 삶의 소리와 몸짓이 무대 위의 배우에 의해 언어로 대체된다. 인간은 노래하는 자도 춤추는 자도 아니고 춤추는 자를 구경하는 자도[38] 아닌, 단지 대사를 읊조리는 배우이자 이것을 보는 구경꾼의 자리에 위치한다. 따라서 피로 회복은 몸이 아니라 머릿속에서 이루어진다. 인간은 단지 사유하는 자이자 사유를 말하는 자이자 걷는 자로 퇴화한다.

니체의 피로 회복 담론은 특히 《비극의 탄생》의 〈자기비판의 시도〉에서 두드러진다. 그는 이 글에서 과감하게도 후기 그리스 문화의 '그리스적 명랑성griechische Heiterkeit'이 단지 황혼에 불과한 것이 아닐지 의심한다.[39] 그는 "그리스인들이 바로 자신들의 해체와 약화의 시기에 오히려 훨씬 낙천적이고, 피상적이고, 배우 같고, 논리와 세계의 논리화에 훨씬 더 열정적이고, 그러므로 "더 명랑하고" 동시에 "더 학문적"이 되었다고 한다면?"[40]이라는 전복적 물음을 던진다.

그는 그리스 문화의 강화가 아니라 약화되어 쇠약하고 피로해진 증후가 바로 이성적이고 합리적이고 논리적인 현상이었다고 진단한다. 달리 표현하자면 비타 콘템플라티바, 즉 사색적 삶이란 일종의 피로증후군이다. 사색적 삶에 대한 전복적 해석뿐만 아니

---

[38] 춤과 음악에 대한 니체의 예술철학적 함의는 다음 책을 참조: 정낙림, 《니체와 현대예술》, 역락, 2012, 161~193쪽. 이와 같은 예술 영역의 전복은 일상과 예술을 이원화함으로써 일상을 예술로부터 고립시키는 전통적인 예술관을 해체시킨다. 그리고 이와 같은 정신의 배후에는 니체 철학이 있다.

[39] F. Nietzsche, *Die Geburt der Tragödie, Sämtliche Werke, Kritische Studienausgabe Band1*, hrsg., Giorgio Colli und Mazzino Montiari, Berlin/New York: Deutsche Taschenbuch Verlag de Gruyter, 1980, S.12.

[40] F. Nietzsche, Ibid., S.16.

라 기독교에 대한 통렬한 비판을 통해, 그는 기독교의 '내세ein Jenseits'나 '다른 혹은 더 나은 삶'이 현세를 더 잘 비방하기 위한 것이자 바로 '허무, 종말, 휴식, 안식일 중의 안식일에 대한 열망'임을 다음과 같이 주목한다.

> 기독교는 처음부터, 본질적으로, 그리고 근본적으로 삶에 대한 삶의 구토와 권태였다. 이것은 **다른 혹은 더 나은** 삶에 대한 믿음으로 단지 위장되고, 은폐되고, 치장되었을 뿐이다. **세계**에 대한 증오, 감정에 대한 저주, 아름다움과 감성에 대한 두려움은 현세를 좀 더 잘 비방하기 위하여 내세를 만들어 냈는데, 그것은 근본적으로 허무, 종말, 휴식, **안식일 중의 안식일**에 대한 열망이다.[41]

현세를 비방하기 위해 만든 내세를 구성하는 '세계에 대한 증오, 감정에 대한 저주, 아름다움과 감성에 대한 두려움'은 호메로스에 의한 오디세우스와 세이렌의 관계 방식인 귀의 봉인과 몸의 결박 그리고 이에 상응하는 음악의 죽음과 맥을 같이한다. 이와 같은 현세적 삶에 대한 염세적 세계관은 니체에 의한 실레노스Silen를 통해서도 명료하게 드러난다. 이는 시간의 유한성이나 우연성 나아가 신고辛苦를 품은 이 세계 속 인간의 삶을 태어나지 않는 것이 최선이고 이미 태어난 이상 차선은 곧 죽는 것으로 규정

---

41   F. Nietzsche, Ibid., S.18.

피로 회복, 사색적 삶에 예술적 삶을 품다 |

하는 염세적 세계관이다.[42] 이것이야말로 '실레노스의 끔찍스러운 지혜'[43]의 실체이자 인간으로서의 삶에 대한 전면적인 부정이다.

그러나 이와 같은 실레노스의 지독한 염세주의적 관점의 반전을 주목할 필요가 있다. 이 반전은 19세기 독일의 니체가 고대 그리스의 비극을 주목하는 이유이기도 하다. 이는 바로 그리스인들에 의해서 다음과 같이 이루어진다.

그러므로 우리는 이제, 실레노스의 지혜를 뒤집어, 그리스인들에 관해 이렇게 말할 수 있을 것이다. "그대들에게 최악das Allerschlimmste은 곧 죽는 것이고, 차악das Zweischlimmste은 언젠가 죽는다는 것이다.[44]

최악으로서 현세의 삶이 최선이 되고, 최선으로서 내세적 죽음이 최악이 되는 이와 같은 반전을 가능하게 한 것은 무엇인가? 그것은 니체가 '디오니소스적인 것die dionysische'[45]이라고 부르는 것이자 음악이다. 그러나 이 음악은 '지금의 독일 음악der jetzigen deutschen Musik'과 변별되는 음악이다. 후자란 니체에게 있어서 신경을 망가뜨리는 것이자 술 마시기 좋아하고 불명료함을 미덕으로 찬양하

42    F. Nietzsche, Ibid., S. 35.
43    F. Nietzsche, Ibid., S. 39.
44    F. Nietzsche, Ibid., S. 36.
45    F. Nietzsche, Ibid., S. 19.

는 민족을 황홀하게 만들고 동시에 몽롱하게 만드는 마취제에 불과하다.[46] '디오니소스적 기원을 가진 음악'은 이와 같은 '낭만주의적 음악'과 변별적이다.[47] 전자의 음악을 대표하는 것이 니체의 '비극Tragödie'이다. 이 비극은 말하고 걷는 아리스토텔레스의 배우 중심 비극이 아니라, 춤추고 노래하는 니체의 디오니소스적 기원의 비극이다.[48]

'몰락에의 의지Willens zum Untergang'이자 '삶에 대한 가장 깊은 질병, 피로, 불만, 고갈, 가난의 표시'로 해석되는[49] 후기 그리스의 디오니소스적 음악에 대한 기피나, 소크라테스적[50] 명랑성 그리고 기독교에 대한 니체의 격렬한 비판 속에서, 우리는 피로사회의 극단적 증후를 확인할 수 있다. 뿐만 아니라, 이와 같은 증후와 연동된 인간관이나 세계관으로서 신체와 대지에 대한 부정적 관점을 확인할 수 있다. 이러한 관점은 활동적 삶이나 예술적 삶에 대한 부정이자 인간적 삶에 대한 혐오에 근거한다. 즉, 이는 사멸적인 존재로서 인간, 즉 유한자로서 인간이 사는 대지와 인간을 이루는 신체에 대한 부정을 근간으로 한다.

---

[46] F. Nietzsche, Ibid., S. 20.

[47] F. Nietzsche, Ibid., S. 20.

[48] F. Nietzsche, Ibid., S. 22. "나의 형제들이여 그대들의 가슴을 들어 올려라, 높이 더 높이! 그리고 다리도 잊지 말아라! 그대들의 다리도 들어 올려라, 그대들, 춤을 멋지게 추는 자들이여, 그대들은 물구나무를 선다면 더욱 좋으리라!"

[49] F. Nietzsche, Ibid., S. 18~19.

[50] 물론 여기서 다루고 있는 소크라테스는 플라톤의 소크라데스이자 전통 형이상학 중심의 서구 지성사에서 선승하고 있는 소크라테스이다.

피로 회복, 사색적 삶에 예술적 삶을 품다 |

우리는 저 유명한 소크라테스적 '이론적 인간 유형den Typus des theoretischen Menschen',[51] 일종의 비타 콘템플라티바와 맥을 같이하는 학문지상주의의 이면에서 작동하는 삶의 경멸과 부정을 발견할 수 있다. 니체는 학문과 삶, 예술과 삶의 수직 관계를 역-수직화한다. 즉, "학문은 예술의 관점에서, 그러나 예술은 삶의 관점에서…"[52]라는 저 유명한 문구가 이를 입증한다. 그는 학문뿐만 아니라 예술 또한 예술을 위한 예술이 아니라 삶을 위한 예술임을 강조한다. 삶을 위한 예술은 바로 니체 사상이 지니고 있는 비타 아르티바, 즉 비타 콘템플라티바뿐만 아니라 비타 악티바와도 변별되는 비타 아르티바의 위상을 드러낸다. 이와 동시에 디오니소스적인 것을 통하여 신이 아니라 인간과 인간 그리고 인간과 자연의 화해의 중요성이 환기된다.[53]

노래하고 춤추며, 좀 더 높은 공동체의 일원이 되어 걷는 법과 말하는 법을 잊고 춤추고 노래하는 장면에 대한 묘사와 더불어 젖과 꿀이 흐르는 대지에 대한 니체의 환기[54]는, 저 호메로스의 오디세우스나 한병철의 프로메테우스의 삶과 변별되는 니체의 디오니소스의 삶의 유형을 드러낸다. 이와 같은 디오니소스적 삶의 유형

51  F. Nietzsche, Ibid. S. 98.
52  F. Nietzsche, Ibid., S. 14. 니체의 예술철학적 면모에 대한 최근의 연구로는 다음을 참조: 양해림 외, 《니체의 미학과 예술철학》, 북코리아, 2017.
53  F. Nietzsche, Ibid., S. 29.
54  F. Nietzsche, Ibid., S. 30.

은 사색하는 삶으로서 비타 콘템플라티바나 활동하는 삶으로서
비타 악티바와 변별되는 비타 아르티바, 즉 예술적 삶으로서 니체
의 사유가 지니는 독창적 삶의 유형을 드러낸다.

니체의 세계는 이분법적으로 분열된 적대적 세계도 아니고, 땅
에 대한 혐오나 신체 나아가 신에 대비되는 인간에 대한 부정은
더더욱 아니다. 니체가 예술작품의 대상을 올림포스 신화 속의 신
들이나 영웅이 아니라 땅 위의 인간으로 고지할 때',[55] 이는 니체
가 긍정하는 것은 인간의 삶, 그중에서도 단지 사색적 삶이나 활
동적인 삶만이 아니라 예술적 삶임을 고지한다. 그는 기존의 삶의
주류를 이루었던 사색적 삶이나 그것의 대척점인 활동적 삶 이외
에 예술적 삶을 제시할 뿐만 아니라, 인간을 예술가이자 예술작품
이 양립하는 공존체로 제시한다.[56]

현실 부정에 기반을 둔 이상주의적 세계관이나 인간관은 인간
자신에 대한 부정으로 인하여 자기초월에의 강박으로 전이된다.
이러한 강박적 사고는 과잉각성과 더불어 과잉활동을 수반함으로
써 회복될 길 없는 악순환적 자기착취에 결박될 운명에 처한다.
이와 같은 악순환적 피로에 의해서 상실된 회복력을 회복하기 위

---

55  F. Nietzsche, Ibid., S. 30.
56  인간을 예술의 주체이자 대상으로 해석하는 관점은 철학상담에 있어서 내담자가 상담의
    대상일 뿐만 아니라 주체라는 점과 상통한다. 철학삼담사는 단지 산파로서 내담자 곁에
    서 내담자의 자기진단과 치료 과정을 돕는 조력자에 머문다. 그리고 이것이 철학산파로
    서 철학상담사의 최고의 경지다.

피로 회복, 사색적 삶에 예술적 삶을 품다 |

해 보충해야 할 것은 저 결박되고 봉인된 신체와 오감을 해제할 비타 아르티바이다. 니체는 '형이상학적인 위안metaphysisch getröstet'을 결단코 거부하면서, 배워야 할 것으로 '현세적 위안의 예술die Kunst diesseitigen Trostes'을 강조하며, 현세적 위안의 예술로서 배워야 할 것으로 '웃기lachen'를 제시한다.[57] 웃는 예술적 삶은 진지한 형이상학이 제시하는 사색적 삶이나 이로써 평가절하되고 기피되었던 활동적 삶이 수반한 만성적 피로의 회복법이자 치료법이다.

## 삶의 치유력을 회복하자

니체는 서구 지성사에서 우상화되고 있는 전통 형이상학의 이론적 인간, 소크라테스적 명랑성 이면에서 삶에 대한 가장 깊은 질병, 피로, 불만, 고갈, 가난의 표시와 몰락에의 의지를 발견한다. 호메로스의 적대적 세계관이 철벽방어로 인한 삶의 이중적 유리화를 유도했고, 한병철의 비타 콘템플라티바와 비타 악티바의 수직적 관계가 현대인의 피로 치료가 아니라 악순환을 초래할 수 있다면, 니체의 비타 아르티바는 저 이중의 유리화와 삶의 수직화로 인해 피로와 과로에 시달리는 병적인 자아와 세계를 자연적으로 회복할 수 있는 치유력을 제시한다. 삶의 근원적이고도 자연적인

---

57　F. Nietzsche, Ibid., S. 22.

치유력은 몸 스스로의 회복 능력과 더불어 자연과의 교감을 통해 이루어진다.

호메로스의 신체나 음악 적대적 세계관으로 인해 쇠퇴된 자연의 근원적 치유력은 니체의 대지와 몸 철학을 통해 비로소 회복을 위한 이론적 단초를 마련한다. 대지 위에서 온몸으로 춤추고 노래하는 니체의 대지철학이 제공하는 예술적 삶은 이중적 윤리화에 의해서 취약해진, 깨지기 쉬운 자아와 세계를 다시 건강하게 회복할 수 있는 생명력을 드러낸다. 이로써 다시 살아나는 몸과 음악의 조우는 21세기에 키냐르에 의해서 세이렌의 음악 속으로 온몸을 투신하는 부테스가 주목을 받는 이유와 맞닿아 있다.

음악이 음향의 용기 속에 다시 몸을 빠뜨린다. 몸이 움직이던 곳이다.
몸은 흔들리고 춤추고 파도의 물기 어린 오래된 리듬에 합류한다.

음악은 자신의 청자聽者를 출생에 선행하는, 들숨에 선행하는, 울음소리에 선행하는, 날숨에 선행하는, 말하기의 가능성에 선행하는, 홀로인 존재로 끌어들인다.
그렇게 해서 음악은 원래의 존재 안으로 들어간다.[58]

---

58 파스칼 키냐르, 위의 책, 75~76쪽.

피로 회복, 사색적 삶에 예술적 삶을 품다 |

# 참고문헌

김선희, 〈니체와 쇼펜하우어에 있어서 예술의 치료적 양면성: 성중독과 관련하여〉, 《니체연구》 제19집, 2011.

_____, 〈또 하나의 죽음, 자살에 대한 니체의 철학적 부검과 철학적 알리바이: 디오니소스적 산파술, 죽음에의 의지에서 삶에의 의지로의 전환〉, 《니체연구》 제22집, 2012.

_____, 〈'피로사회'에 나타난 주체들의 병리적 유형화와 치료적 접근〉, 《철학연구》, 제107집, 2014.

노성숙, 《세이렌의 침묵과 노래》, 여이연, 2008.

양해림, 《디오니소스와 오디세우스의 변증법》, 철학과현실사, 2000.

양해림 외, 《니체의 미학과 예술철학》, 북코리아, 2017.

에릭 A. 해블록, 《플라톤 서설: 구송에서 기록으로, 고대 그리스의 미디어 혁명》, 이명훈 옮김, 글항아리, 2011.

정낙림, 《니체와 현대예술》, 역락, 2012.

파스칼 키냐르, 《부테스》, 송의경 옮김, 문학과지성사, 2017.

프란츠 카프카, 《변신: 단편전집》, 이주동 옮김, 솔, 2007.

프리드리히 니체, 《도덕의 계보》, 김정현 옮김, 책세상, 2002.

_____, 《비극의 탄생》, 이진우 옮김, 책세상, 2005.

한병철, 《피로사회》, 김태완 옮김, 문학과지성사, 2012.

_____, 《시간의 향기: 머무름의 기술》, 문학과지성사, 2013.

호르크하이머/아도르노, 《계몽의 변증법》, 김유동 · 주경식 · 이상훈 옮김, 문예출판사, 1995.

Apollonius Rhodius, Edited by Richard Hunter, *Argonautica*, Cambridge: Cambridge University Press, 2015.

Elliot D. Cohen, *The Workshop of Philosophical Counseling by Dr. Elliot Cohen 2012* (handbook). Taiwan: Fu Jen Academia Catholica, 2012.

Franz Kafka, "Das Schweigen der Sirenen", *Hochzeitsvorbereitungen auf dem*

*Lande und andere Prosa aus dem Nachlaß*, Frankfurt am Main: Fischer Taschenbuch Verlag, 1976.

Friedrich Nietzsche, *Die Geburt der Tragödie, Sämtliche Werke, Kritische Studienausgabe Band1*, hrsg., Giorgio Colli und Mazzino Montiari, Berlin/New York: Deutsche Taschenbuch Verlag de Gruyter, 1980.

Homer, Übersetzt von Johann Heinrich Voss, *Odyssee*, Stuttgart: Reclam, 1977.

Gaius Julius Hyginus, *Fabulae* (*The Myths of Hyginus*, translated and edited by Mary Grant, University of Kansas Publications in Humanistic Studies, no. 34, Lawrence: University of Kansas Press, 1960).

Plato, *Phaedrus in: Plato in Twelve Volumes*, Vol. 9 translated by Harold N. Fowler. Cambridge, MA, Harvard University Press: London, William Heinemann Ltd. 1925,

배철현, 〈배철현의 '21C 대한민국과 단테의 신곡'〉, 《매경이코노미》 제1973호 (2018.08.29.~09.04일자).

# 피로와 철학상담
## : '성과주체'에서 '열매주체'로

| 박병준 |

이 글은 2022년 《철학 실천과 상담》 제12호(2022)에 게재된 원고를 편집하여 재수록한 것이다.

# 들어가는 말

우리는 일상생활에서 자주 피로감을 호소한다. 습관처럼 '피곤하다'라는 말을 되뇌곤 하지만 정작 무엇이 그토록 나를 피곤하게 하는지는 잘 알지 못하며, 알아도 막연하게 과도한 일 때문이라고 생각한다. 사전적 의미의 피로는 과도한 일로 인해 육체적 · 정신적으로 탈진한 상태를 말한다. 우리가 일상의 삶에서 누적되는 피로를 방치할 때 그것은 질병이 될 수 있다. 1988년 미국 질병통제국CDC은 심한 피로감과 함께 여러 증상이 동반하는 건강 이상 징후를 만성피로증후군CFS: Chronic Fatigue Syndrome이라고 정의하였다.[1] 이후 계속된 연구에도 불구하고 질병학적으로 그 정확한 병인과 진단을 찾기가 쉽지 않다는 연구 결과가 있으며,[2] 만성적 피로를 호소하는 사람은 여전히 늘어 가는 추세이다.

한병철은 현대사회를 '피로사회Müdigkeitsgesellscaft'로 규정한다. 그에 의하면 피로는 부정성이 아닌 긍정성의 과잉에서 비롯되는 정신적 질병의 징후로서, 자기 자신만이 아니라 '모든 공동체, 모든 공동의 삶, 모든 친밀함을 파괴하는 폭력'[3]과 같다. 한병철은 피

---

[1] 박태홍, 〈만성 피로증후군의 2000년도의 이해〉, 《근관절건강학회지》 9/2, 대한근관절건강학회, 2002, 205쪽 참조.

[2] 주지현 · 박성환, 〈만성피로증후군〉, 《대한내과학회지》 70/4, 대한내과학회, 2006, 469쪽 참조.

[3] 한병철, 《피로사회》, 김태환 옮김, 문학과지성사, 2013, 67쪽.

로사회에서 살아가는 인간을 복종이 아닌 스스로 무한정 할 수 있다고 생각하는 과도한 자기긍정의 '성과주체Leistungssubjekt'로 규정한다.[4] 성과사회Leistunggesellschaf에서 살아가는 인간은 피곤하다. 성과사회의 인간은 더 많은 성과를 내기 위해서 불운하지만 스스로 자기를 닦달한다. 한병철은 현대사회의 지나친 자율적 성과주의가 소진증후군이나 탈진증후군burnout syndrome, 우울증depression 같은 현대의 정신적 질병을 양산한다고 주장한다. 그는 긍정성의 과잉과 '성과를 향한 압박'이 이런 질병적 증후로 나타나며, 이는 마치 스스로 자기를 태워 꺼져 버린 '탈진한 영혼' 상태와 같다고 말한다.[5] 즉, 우울증과 소진증후군 그리고 심지어 주의력결핍과잉행동장애 등 오늘날 사회에 만연한 정신적 질병의 증후는 규율사회Disziplinargesellschaft의 복종적 주체Gehorsamssubjekt가 아닌 성과사회의 자율주체에서만 볼 수 있는 현상이라는 것이다.

한병철이 주장하듯이, 현대사회의 인간은 분명 여러 면에서 스스로 알아서 부단히 성과를 내고자 노력하는 성과주체의 모습을 띠고 있다. 그러나 다른 한편 우리가 "성과사회에 내재하는 시스템의 폭력"[6]에 주목한다면 암암리에 성과를 조장하는 사회적 분위기와 그 억압적 구조를 간과할 수 없으며, 이런 구조적 사회에

---

[4] 한병철, 《피로사회》, 23~24쪽 참조.
[5] 한병철, 《피로사회》, 26~28쪽 참조.
[6] 한병철, 《피로사회》, 26쪽.

서 비교우위적 성과 없이 사회에 적응하는 것은 불가능해 보인다. 따라서 현대사회에서 피로의 탓을 오로지 성과주체에게만 돌리는 것은 옳지 않으며, 이미 성과주체 자체가 타율성·억압성·구속성을 지닌 사회적 구조를 전제하고 있다고 하겠다. 사실 이는 성과주체가 노동을 강요하고 착취하는 외적 지배구조에서 자유롭다는 한병철의 주장과 배치된다. 즉, 성과사회에서도 규율사회에서처럼 구조적 타율성과 억압·구속이 여전히 존속한다는 것이다. 우리는 현대사회에서 인간이 피곤한 이유가 단지 자율적 존재로서의 성과주체에게만 있지 않고, 어쩔 수 없이 자유를 강제하면서 성과의 극대화를 꾀하도록 억압하는 사회구조에도 있다는 것에 주목할 필요가 있다. 성과주체는 진정한 자율성에 의존하기보다는 타율성의 지배를 받는다. 그래서 피로사회를 극복하기 위해 우리는 진정으로 자유로워질 필요가 있다. 최근 기득권층의 자제들이 부모와 인맥의 도움을 받아 스펙을 쌓는 일이 사회적 이슈가 된 바 있다. 무한경쟁 사회에서 상대적으로 좋은 가정환경에서 자란 아이들이 부정하고 비도덕적인 방법이 아닌 정당한 방법으로 다양한 스펙을 쌓는 것이 사회적으로 비난받을 이유는 없어 보이며, 그보다 무한경쟁 사회에서 비교우위를 차지하고자 자의적으로 과도한 경쟁에 내몰리는 데서 오는 심신의 피로와 정신적 건강이 더 큰 문제일 것이다.

이 글은 이런 문제의식에서 출발한다. 특히 아렌트Hannah Arendt가 《인간의 조건The Human Condition》(1958)에서 작업이 노동으로부터 분리됨으로써 작업을 통해 이루어진 인공의 사물 세계가 현대 사회의 한 특징임을 주지시킨 바 있듯이, 오늘날 작업에 기반한 현대 자본주의의 구조는 인간을 피로할 수밖에 없는 환경으로 내몰고 있다. 필자는 한병철의 피로사회로 대변되는 현대사회의 문화비판과 관련하여 오늘날 질병으로서 인식되는 현대인의 만성적 피로가 근본적으로 어디에 기인하고 있는지를 검토하고, 피로사회를 극복하는 방안을 철학상담의 치유 관점에서 모색하고자 한다. 이는 무엇보다도 우리 삶의 방식을 피로사회에서 언급하는 '성과주체'가 아닌 '열매주체'로 변화시키는 것과 관련되어 있다.

## 피로사회의 성과주체와 노동

한병철의 주장에 따르면 피로사회의 인간은 성과주체로 규정된다. 성과주체는 성과의 극대화를 꾀하는 '긍정성의 과잉'과 '과잉 활동성'으로 특징된다. 여기서 과잉이란 '여유로움이 없는a-scholia/nec-otium 조급함'[7]의 상태를 의미한다. 고대 그리스어나 라틴어 어휘에서 보듯이 일ἀσχολία/negotium과 여가σχολή/otium는 서로 대응 관

---

7  한병철, 《피로사회》, 37쪽. 라틴어의 일·곤란·어려움을 뜻하는 'negotium'은 부정접속사인 'nec'과 여가·한가로움·고요·평안 등을 뜻하는 'otium'의 합성어로서, 즉 일(노동)은 '여유 없는 활동'을 의미한다. 라틴어 negotium과 otium는 각각 그리스어 ἀσχολία(일)와 σχολή(여가)에 상응한다.

계에 있으며, 피로는 과도한 일로 인해 충분한 여가를 갖지 못한데서 오는 심신이 지친 상태를 의미한다. 인간의 활동은 생명의 차원에서 교환적 성격을 지닌 에너지의 주고받음이다. 인간은 활동함으로써 자연에서 생명의 에너지를 얻으며, 동시에 에너지를 소비한다. 활동을 통한 에너지 교환 없이는 그 어떤 생명체도 자연에서 살아남을 수 없다. 그런데 이런 생명 활동의 일환으로서 인간의 행위는 다른 생명체의 그것과 사뭇 다르다. 인간은 오래전부터 동물과 구분하여 자기 고유의 규정성을 노동에서 찾았다. 즉, 인간은 본성상 '노동하는 존재homo labor'이다.《구약성경》은 노동과 관련하여 인간은 "흙에서 나왔으니 흙으로 돌아갈 때까지 얼굴에 땀을 흘려야 양식을 먹을 수 있다"(《창세기》 3:19)고 기술한다.《성경》의 맥락상 노동은 인간이 하느님의 금기 사항을 어긴 데서 오는 죄의 결과로서 묘사된다. 그런데 인간학적 통찰의 차원에서 보면 인간은 본성적으로 자연에 적응하고 살아가려면 도구적 행위를 할 수밖에 없는 존재, 즉 자연을 도구 삼아 땅을 일궈 양식을 얻어야만 생존하는 그런 존재이다. 인간은 애초에 동물과 다르게 땅을 경작함cultum으로써 인간만의 고유의 문화culture를 세상에 창조했다.

아렌트는《인간의 조건》에서 인간의 노동과 관련하여 흥미로운 통찰을 제시한다. 그녀는 인간의 관조적 삶vita contemplativa과 활동적 삶vita activa을 대비시키고, 관조적 삶으로서의 사유 활동(생각, 의지, 판단)과 활동적 삶으로서의 노동labor, 작업work, 행동action을 대비시킨다. 여기서 주목할 점은 노동과 작업의 분리이다. 노동과 작업의 분리는 근대사회에 이르러 잉여가치를 누리고자 하는 자본집약적 사회구조를 탄생시키는 주요 계기가 되기 때문이다. 지젝Slavoj Žižek은 자본주의의 속성을 '광적인 활동'으로 규정하고 이를 비판한다. 즉, 자본주의사회에서 사람들은 자본주의적 생산양식을 가동시키는 원인으로서 '잉여가치'와 인간의 욕망의 대상이자 원인인 '잉여 향유' 사이의 운동에 함몰되어 있다는 것이다.[8] 실제로 자본주의사회의 인간이 끊임없는 욕망을 통해 자본을 축적하고 이를 향유한다는 측면에서 지젝의 주장은 타당성이 있어 보인다. 그런데 문제는 잉여 향유의 욕망이 무한히 거듭됨으로써 인간이 스스로 자기 자신을 소진한다는 데 있다. 무엇보다도 현대인의 피로는 이런 끝이 보이지 않는 욕망과 무관하지 않다.

아렌트는 활동적 삶으로서 인간의 세 가지 기본 활동을 언급하면서 노동을 "인간 신체의 생물학적 과정에 상응하는 활동"[9]으로 규정한다. 즉, 노동은 자연환경에 처해 있는 생명을 가진 인간의 삶 자체에서 나오는 가장 기본적인 활동 중 하나이다. 반면에 작업은 자연적 환경이 아닌 제작적 환경으로서 인공적 세계의 사물 대상과 관계하는 인간 실존의 고유한 활동에 속한다. 그러나 자유에 근거한 행동이야말로 가장 인간적인 것으로서 사물 혹은 물질의 매개 없이 인간 사이에서 실행되는 자발적이며 창조적인 활동

---

8  슬라보예 지젝, 《이데올로기의 숭고한 대상》, 이수련 옮김, 새물결, 2017, 99쪽 참조.
9  한나 아렌트, 《인간의 조건》, 이진우·태정호 옮김, 한길사, 1996, 55쪽.

을 의미한다. 아렌트에 의하면 노동과 작업은 "자율적이고 참된 인간의 삶의 방식"이 아니라 필요와 욕구에 따라 유용한 것을 생산하는 활동이기 때문이다.[10]

그런데 아렌트는 서구 유럽어에서 어원과 용법이 같은 두 단어가 오랜 세월 함께 보존되어 온 사실에 주목한다. 즉, 그리스어의 ponein과 ergazesthai, 라틴어의 laborare와 facere, 독일어의 arbeiten과 werken, 프랑스어의 travailler와 ouvrer의 구별이 그것이다.[11] 서로 대응하는 이 단어들은 모두 전자는 노동, 후자는 작업을 뜻한다. 서로 대응되는 이들 두 단어의 의미상 차이는 노동이 그 결과인 생산품을 지시하고 있지 않다면, 작업은 이와 달리 그 결과인 생산품을 직접 지시하고 있다는 데 있다. 인간을 도구인 homo faber으로 규정하는 것은 생명 활동으로서의 노동보다 제작 활동으로서의 작업에 근거한다. 노동이 단순한 삶의 활동으로 제한되지 않고 생산품을 제작하는 작업 활동의 영역으로 확장되는 순간, 그것은 생명 활동 이상의 의미를 지니게 된다. 이와 관련하여 일찍이 마르크스Karl Marx는 노동으로 소진되지 않는 재생산의 힘으로서 잉여, 즉 노동생산성으로서 노동력의 잉여를 경제사회의 동인으로 보았다.[12] 물론 아렌트는 마르크스를 비판하는데, 그

10 한나 아렌트, 《인간의 조건》, 62쪽.
11 한나 아렌트, 《인간의 조건》, 134쪽 참조.
12 한나 아렌트, 《인간의 조건》, 143쪽 참조.

녀에 의하면 생산품의 제작은 노동력의 잉여가치 그 이상의 의미를 지니고 있다. 인간은 작업을 통해 비로소 사물화의 세계, 인공의 세계라는 객관적이며 불멸인 세계를 구성하고, 이로써 영원성을 꿈꿀 수 있기 때문이다. 한편 아렌트에 의하면 노동의 과정은 노동력이 고갈되지 않는 한 끊임없는 재생산을 거듭하는 반면에, 작업의 과정은 사물의 제작을 목표로 하고 그것이 완결될 때마다 종결되는 특성을 띤다.[13] 그러나 작업 역시 오늘날 경제적 이유에서 끊임없는 반복을 거듭하는 것도 부인할 수 없는 사실이다.

한편 한병철은 근대 인간 사회의 활동적 삶에 대한 아렌트의 통찰이 오늘날 성과사회의 모습을 충분히 반영하지 못한다고 비판한다. 이는 근대사회가 노동하는 동물인 인간이 지배하는 노동이 절대화된 사회로서 그 생성과 확산이 최종적으로 "인류의 유적 삶 Gattungsleben"[14]의 관철에 있다고 주장하는 아렌트에 대한 비판이다. 한병철은 인간이 노동을 통해 인류의 익명적 삶, 즉 유적 삶의 과정으로 용해되어 버리기는커녕 오히려 개인의 개성이 부각되고, 이미 개별화된 성과사회 안에서 인류는 철저하게 자아로 무장되어 있다고 주장한다.[15] 그런데 엄밀하게 말하자면 마르크스의 경우 노동과 노동력의 구분을 통해서, 그리고 아렌트의 경우 노동

---

13  한나 아렌트, 《인간의 조건》, 201쪽 참조.
14  Hannah Arendt, *Vita activa oder Vom tätigen Leben*, Piper: Müchen · Zürich, 1994, p. 313.
15  한병철, 《피로사회》, 40쪽 참조.

과 작업의 구분을 통해서 통찰된 바 있듯이, 신체의 생물학적 과정으로서 순수한 노동이 개인의 개별적 삶의 활동을 강조하고 작업이 인공의 세계를 구성하는 인간의 유적 삶의 활동을 강조한다면, 사실 노동하는 동물의 이념 속에는 근본적으로 인간으로서 개인의 삶과 유적 삶이 함께 혼재되어 있다고 볼 수 있다. 더욱이 지젝이 간파했듯이 인간은 유적 존재이기에 앞서 각자가 욕망의 주체라는 점에서, 근대의 노동하는 동물의 이념이 피로사회의 자율적 주체의 모습을 담고 있지 못하다는 한병철의 주장은 일방적인 비판일 수 있다. 오늘날 피로사회의 인간이 철저하게 개별화되어 있고 자아로 무장되어 있다는 사실이, 노동하는 동물로서 표상되는 인간의 본성과 전혀 관계가 없는지는 면밀한 검토가 필요해 보인다. 지젝이 말하는 노동의 부산물인 잉여가치를 향유하는 인간은 엄연히 보편적인 유적 존재가 아닌 바로 욕망의 주체로서 개인을 의미하기 때문이다.

한병철은 아감벤Giorgio Agamben의 '호모 사케르Homo Sacer'를 빌려와 성과사회의 인간을 '벌거벗은 생명'으로 규정한다. 그러나 성과사회의 벌거벗은 생명은 법적으로 보호받지 못하는 예외상태에서 언제든 생명의 위험을 안고 살아가는 자와 다르게 절대적으로 "죽지 않는 자Untote"를 의미한다.[16] 이들은 스스로 벌거벗은 생명이 되

---

16  한병철,《피로사회》, 43쪽 참조.

어 "과잉활동"과 "노동과 생산의 히스테리"[17] 증상을 보인다. 타율사회의 강제성과 다른 자율적인 새로운 형태의 강제성이 성과사회에서 나타난다. 성과사회의 자율적 주체는 과잉긍정과 과잉활동 속에서 스스로 자기를 착취하면서 노동의 노예 상태에 빠진다. 그렇기에 성과사회의 자율적 주체는 더는 자본가와 노동자의 대립 관계에 있지 않으며, 오히려 자기와의 대립 관계에 있다. 이런 자기착취의 욕망은 자기 외부가 아닌 자기 내부에서 비롯된다는 점에서 '주체의 결핍과 환유'로 해석한 라캉Jacques Lacan의 욕망이론[18]과 이를 다시 잉여가치와 잉여 향유의 이데올로기로 재해석한 지젝의 욕망이론[19]과 맥을 같이한다. 이와 관련하여 우리는 피로사회에서 인간의 피로의 원인이 단지 과잉긍정의 성과주체에만 있지 않고 사회구조뿐만 아니라 인간의 무의식에 뿌리를 둔 욕망주체에도 있음을 주목할 필요가 있다. 욕망과 피로는 현대사회에서 불가분의 관계에 놓여 있다고 하겠다. 현대사회는 여러 방면으로 인간의 욕망을 부추기고 있으며, 이런 분위기에 휩쓸려 인간은 충족되지 않는 욕망을 채우고자 과도하게 활동적인 삶을 산다. 현대사회의 노동은 성과주체의 과잉긍정 활동이자 욕망주체의 향유(쾌락) 활동이다.

---

17  한병철, 《피로사회》, 45쪽.

18  권택영, 〈라캉의 욕망이론〉, 《(자크 라캉) 욕망이론》, 권택영 엮음, 민승기 · 이미선 · 권택영 옮김, 문예출판사, 1996, 15쪽; 박병준, 〈현대사회에서 인간의 욕망 – 욕망에 대한 형이상학적 본질 탐구〉, 《가톨릭철학》 제32호, 한국가톨릭철학회, 2019, 42~49쪽 참조.

19  박병준, 〈현대사회에서 인간의 욕망 – 욕망에 대한 형이상학적 본질 탐구〉, 54~58쪽 참조.

# 노동사회와 피로

근대 산업화 이후 사회는 노동이 인간의 삶과 사회 전체에 지대한 영향을 미치는 노동사회로 규정할 수 있다. 근대사회 이후 노동은 주지하다시피 생산력과 생산품 그리고 잉여가치 · 잉여 향유와 분리할 수 없는 개념이 되었다. 한병철이 언급하는 피로사회의 주체 역시 자율적 존재이지만 이런 노동사회의 구조로부터 자유로울 수 없다. 한병철은 후기 근대사회를 규제와 강제가 따르는 타율사회와 구분하여 새로운 강제를 만들어 내는 사회, 즉 피로사회라고 주장한다. 여기서 피로의 주체는 타율적 존재가 아닌 자율적 존재이다. 그에 따르면 푸코Michel Foucault의 근대사회가 국가의 폭력이 지배하는 규율사회라면, 근대 이후 사회는 자율적 존재인 주체가 스스로 자기에게 폭력을 가하는 피로사회의 면모를 보인다. 피로사회는 수동적이고 익명적이며, 사적 영역에서 활동이 이루어지는 아렌트의 근대 노동사회의 모습과도 다르다. 피로사회는 타자에 의해서 주체가 사라지기보다는 오히려 반대로 더욱 강화되며, 특히 무엇이든 '할 수 있음'의 과잉긍정과 '성과의 패러다임' 아래서 가능한 한 자율적으로 최대의 성과를 얻고자 하는 사회이다. 바로 이런 까닭에 성과에 대한 과도한 집착은 결과적으로 내적 자유를 억압하게 되고, 성과 위주의 삶은 자기착취적 모습으로 변질

된다. 한병철은 이를 "지배 없는 착취"[20]로 규정한다. 그래서 규율사회의 부정성이 광인과 범죄자를 낳는다면, 피로사회의 긍정성은 우울증 환자와 낙오자를 낳는다.[21]

피로사회는 긍정성의 에너지를 통해 노동의 생산성을 최대화한다. 우리는 "당위Sollen의 부정성"보다 "능력Können의 긍정성"[22]이 성과 측면에서 훨씬 높은 효율성을 가져다준다는 사실을 경험적으로 알고 있다. 자본주의사회는 생산성과 잉여가치를 높이고자 잉여 향유의 심리를 자극하고, 능력의 긍정성을 고취시킨다. 그리고 성과표와 인센티브 등 제도적 장치를 통해 이를 독려한다. 규율사회가 벌칙을 통해 사람들을 통제한다면, 피로사회는 인센티브를 통해 사람들을 강제한다고 할 수 있다. 그러나 성과의 성취에서 오는 만족감이 아무리 크더라도 무한한 자기긍정은 자기부정으로 이어질 수밖에 없다. 인간은 심신의 한계를 지닌 존재이기 때문이다. 과도한 일은 몸과 마음을 병들게 할 수 있다. 인간이 자율적 존재임에도 불구하고 규율사회에서 성과사회로의 이행을 통해 정신세계가 부정성에서 과잉긍정성으로 대체될 때 자율은 더는 진정한 자유가 될 수 없다. 과잉긍정이라는 일방적 방향으로 뻗어 나가는 자율 앞에서 자유는 의미를 상실한다. 자유는 그것의 부정

---

20  한병철, 《피로사회》, 44쪽.
21  한병철, 《피로사회》, 24쪽.
22  한병철, 《피로사회》, 25쪽.

속에서 진정한 모습을 드러내기 때문이다. 부정이 없는 곳에서 자유는 무의미할 뿐이다. 일방적으로 행해지는 성과주체의 자율은 필연적으로 무의미와 허무로 떨어질 수밖에 없다. 자기 존재의 가능성과 관련하여 스스로 자기를 규제하면서 활동의 목적과 방향을 설정할 때, 비로소 인간은 진정으로 자유로운 존재가 되며 삶의 의미를 발견한다. 목적과 방향을 잃은 일방적인 성과 중심의 노동은 인간을 자기상실과 허무로 내치기 쉽다. 오늘날 성과주체가 한병철이 주장하듯 피로하며 우울한 까닭이 바로 여기에 있다. 노동의 맹목성으로 인해 인간은 스스로 일의 노예가 되며, 생산성을 독려하는 사회구조와 조직은 인간이 일에 더욱 몰두하도록 부추긴다. 여기에는 자율을 존중하면서 인간을 강제하는 교묘함이 도사리고 있다. 그래서 인간은 일의 노예가 되면서도 스스로 자율적 존재라고 착각한다. 피로사회에는 단지 성과주체만이 아니라 잉여 향유의 욕망에 사로잡힌 욕망주체도 함께 존재한다. 성과주체와 욕망주체는 오늘날 사회구조 안에서 분리해 생각할 수 없을 만큼 긴밀하게 결합되어 있다. 인간은 과잉긍정의 성과뿐만 아니라 충족되지 않는 욕구를 불사르는 욕망 때문에 피곤하다. 현대사회는 욕망의 이데올로기와 소비 촉구 그리고 과학기술 발전과 함께하는 신체의 확장 등 매우 교묘한 방식으로 인간의 다양한 욕망을 부추긴다.[23] 그래서 항상 '더'라는 피곤할 수밖에 없는 활동을

---

[23] 이와 관련하여 박병준, 〈현대사회에서 인간의 욕망―욕망에 대한 형이상학적 본질 탐

계속한다. 오늘날 사회에서 우리가 성과와 욕망을 분리시킬 수 없듯, 노동과 자율성은 교묘하게 결합되어 있다. 사회적 존재인 인간은 필연적으로 사회구조와 조직에 의존적일 수밖에 없기에 인간의 욕망을 자극하여 성과를 부추기는 사회 분위기에 압도당하지 않으려면 자기성찰을 게을리해서는 안 된다. 피로사회의 인간이 이미 성과에 도취되어 '벌거벗은 생명'이 되고, 결코 만족할 수 없는 욕망의 굴레에 빠져 있는 한, 인간이 완전한 자율적 존재로서 주체성을 확보하기 위해서는 무엇보다도 깨어 있음과 자기 한계를 넘어서는 부단한 노력이 요구된다.

피로사회의 성과주체는 한병철에 의하면 과잉긍정을 통해 자유를 강제함으로써 "강제하는 자유" 혹은 "자유로운 강제", 즉 "역설적 자유"[24]에 몸을 내맡긴다. 강제하는 자유란 부정이 아닌 긍정을 통해 오히려 자유를 부정하는 역설을 의미한다. 성과에 대한 집착이 오히려 다른 가능성을 부정함으로써 자유를 강제한다. 성과주체는 필연적으로 이런 역설적 자유와 마주 서게 되며, 자기착취라는 노동의 노예 상태에 처해 있음에도 불구하고 자가당착과 자기도취에 빠져 피로함에도 무리하게 일함으로써 결국 '탈진burnout'에 이른다. 즉, 성과라는 한 가지 일에 몰두하며 스스로 자기를 불태우는 '탈진증후군occupational burnout'을 보인다. 이런 점에서 피로

---

구〉, 49~61쪽 참조.
24  한병철, 《피로사회》, 29쪽.

사회의 성과주체는 전혀 자율적 주체도 자유로운 존재도 아니다. 여기에는 자유를 위해 매우 중요한 실존적 결단이 결여되어 있으며, 스스로 자기를 억압하는 폭력마저 보이기 때문이다. 성과주체의 활동은 역동적으로 보이지만 사실 전혀 그렇지 않고, 매우 타성화·관성화되어 있다. 오로지 성과로 정향되어 있을 뿐이다. 인간의 몸과 정신도 마치 성과와 욕망만이 입력된 기계처럼 작동하며, 그래서 그 기계가 작동을 멈추는 순간 인간은 헤어날 수 없는 허무와 공허에 빠진다. 피로사회의 인간은 이런 허무와 공허에 무방비로 노출되어 있다. 한병철은 멜빌Herman Melville의 《필경사 바틀비Bartleby, the Scrivener》(1853)의 주인공에게서 이런 모습을 발견한다. 필경사 바틀비는 비록 소설 속에서는 규율사회에 살고 있지만 실제 그의 삶은 에너지가 모두 소진되어 '고갈Erschöpfung'된 채 그저 죽음을 맞이하는 피로사회의 전형적인 모습을 띠고 있다. 피로사회에서 성과를 위해 몸부림치는 우리의 삶을 위한 모든 노력은 마치 필경사 바틀비처럼 허무한 죽음으로 귀결될 뿐이라고 한병철은 우리에게 은밀히 경고한다.[25]

그렇다면 왜 우리는 피로사회의 이런 모순성에도 불구하고 여

---

25  한병철, 《피로사회》, 61쪽. 멜빌의 단편소설 《필경사 바틀비》는 19세기 미국 월가를 배경으로 도시화된 미국 자본주의의 냉혹함을 비판한 소설로 알려져 있다. 소설 속의 필경사 바틀비는 고용주 변호사의 요구에 한결같이 "하고 싶지 않습니다"라는 말로 저항한다. 사실 이 소설 속의 주인공 바틀비는 행위의 차원에서 보면 과잉활동을 보이는 성과주체가 아닌 듯 보인다. 그러나 그는 이미 자본주의사회의 성과 중심의 삶으로 인해 극도의 피곤이 몸에 밴 모습을 보여 준다. 즉, 더는 아무것도 할 수 없는 그런 상태의 피로주체의

기서 벗어날 수 없는 것일까? 그 이유는 간단하다. 우리가 이미 도핑doping되어 있기 때문이다. 한병철은 피로사회를 일종의 '도핑사회'라고 부른다. 도핑이란 무엇인가? 운동선수가 좋은 성적을 내기 위해 작위적으로 자기 자신에게 위험한 약물을 주사하는 행위를 말한다. 도핑은 몸과 마음을 망치는 중독이자 죽음을 불러오는 위험한 행위이다. 그러나 도핑을 맛본 사람은 이 유혹에서 벗어나기가 쉽지 않다. 성과주체의 과잉긍정이라는 도핑 역시 이와 크게 다르지 않다. 과잉긍정으로 도핑된 성과사회는 성과의 결실과 향상에 중독된 사회이다. 사회 전체가 도핑으로 오염되어 일상인das Man이 거기서 빠져나오기가 쉽지 않다. 성과사회는 '할 수 있음'의 과잉긍정의 도핑에 중독된 듯 인간 전체가 하나의 거대한 '성과기계'처럼 최대의 성과를 산출해 나가는 체계적인 조직사회이다. 이는 질서를 위해서 관습과 법으로까지 보장된 사회이기도 하다. 그런데 과연 도핑의 효과는 있는 것일까? 사실 도핑 자체에 위험이 도사리고 있듯, 과잉긍정의 도핑 역시 위험스러울 뿐만 아니라 효과도 전혀 없다. 한병철은 이를 "성능 없는 성과"[26]에 불과하다고 말한다. 도핑이 능력과 성과를 향상시켜 주는 듯 보이지만 그것은 단지 일시적 효과에 의한 착각에 불과하다. 과잉긍정의 도핑 상태에 빠진 일상인은 피로하여 탈진하며, 그 결과 스스로 고립되

---

모습이다.
26  한병철, 《피로사회》, 65쪽.

며, 마침내 "영혼의 경색"[27]에 이르게 된다. 우리는 일상에서 어렵지 않게 피로에 지친 많은 사람과 마주친다. 이들에게서 쉽게 눈에 띄는 것은 성취에서 오는 행복보다는 과도한 일과 활동에서 오는 만성피로와 그로 인해 잃어버린 소중한 우정의 시간과 고립과 단절이다. 성과에 집착하는 사람은 피로하다는 사실을 망각할 때가 많으며, 이를 눈치 채도 고치려 하지 않는다. 이들의 삶의 우선순위는 성과 외에 다른 것이 아니기 때문이다. 인간관계도 순수하기보다는 성과나 일과 관계가 있으며, 목적을 달성하는 순간 그 관계도 끝난다. 우정과 사랑에 바탕을 두지 않는 관계는 오래 지속될 수 없다. 목적이 달성되는 순간 그 만남은 더는 무의미할 뿐이기 때문이다.

아렌트는 노동과 작업이 사회구조적으로 비인격적인 사적 영역을 만들어 내는 데 반해, 자유롭고 창의적인 행동은 인격 상호 간에 활발한 왕래가 이루어지는 공론의 영역을 만들어 낸다고 주장한다. 여기서 주목할 점은 공론의 영역이 위축될 때 정치적 행동 또한 자유롭지 않으며, 그 결과 자연스럽게 전체주의와 근본악이 사회에 싹틀 수 있다는 사실이다. 그런데 이처럼 노동과 작업의 사회적 분석으로부터 정치적 이슈를 끌어내는 아렌트와 달리, 한병철은 피로사회의 질병적 징후에 주목한다. 그러나 이런 시각 차이에도 불구하고 분명한 것은 노동과 작업이 그 발전사적 측면에

---

[27]  한병철, 《피로사회》, 66쪽.

서 인간의 삶 전체에 크게 영향을 미쳤다는 것이다. 우리가 여기서 주목하는 것은 노동 자체가 여러 관점에서 인간에게 피로를 주고 있다는 사실이다. 그리고 그 피로가 개인에 그치지 않고 사회 전반에 영향을 미치는 질병적 징후로 나타나며, 관계의 단절과 공동체의 파괴로 이어진다는 사실이다. 한병철의 주장대로 피로는 인간을 파괴하고 공동체를 파괴하는 폭력이다. 우리는 성과에 도 평되어 이 사실을 망각하곤 한다. 우리가 자기 자신과 공동체에 폭력을 가하면서까지 이렇게 일하는 까닭은 무엇인가? 우리는 성과와 일에 도평되어 자기 자신과 주위를 살피지 못한다. 우리는 평균적 일상에 함몰되어 삶의 본질을 직관하지 못한 채 무방비적으로 '피로의 폭력'에 노출되어 있다.

## 성과주체의 삶에서 열매주체의 삶으로 전환

지금까지 피로사회를 노동의 관점에서 살펴보았다. 노동은 피할 수 없는 인간의 존재 양식이다. 그렇다면 우리는 어떻게 덜 피로하면서 기쁘고 의미 있게 일할 수 있을까? 일의 노예가 되지 않고 건강하게 일할 방법은 없는 것일까? 성과 중심의 피로사회를 극복할 방안을 철학상담의 치유의 관점에서 모색해 보자.

　한병철은 피로사회의 원인이 근본적으로 과잉긍정에서 비롯된다고 진단한다. 물론 무엇인가 할 수 있다는 긍정적 사고 자체가 잘못된 것은 분명 아닐 것이다. 문제는 지나친 과잉긍정과 성과 집착에 우리가 도핑되어 있다는 사실이다. 그렇다면 한병철이 제시한 방법은 무엇인가? 이와 관련하여 한병철은 《피로사회Müdigkeitsgesellschaft》(2010)에 앞서 출간된 《시간의 향기Duft der Zeit》(2009)에서 이 문제점을 시간의 가속화라는 현상학적 차원에서 다루고 있다. 그리고 피로의 원인을 "활동적 삶의 절대화" 현상으로 인식하고, 대안으로서 '사색적 삶'으로 돌아감을 제시한다. 그는 "활동적 삶이 절대화되면서 노동은 절대적 명령이 되고, 인간은 일하는 동물로 전락하고 만다"[28]고 주장한다. 이후 《피로사회》의 말미에서 그는 흥미로운 주장을 하는 데 그것은 바로 아무것도 할 수 없는 상태의 극심한 피로 자체가 피로를 벗어나는 일종의 돌파구 역할을 한다는 것이다. 한병철은 한트케Peter Handke의 시론적 성격의 글 《피로에 관한 시론 Versuch über die Müdigkeit》(1989)[29]을 언급한다. 한트케는 이 글에서 사람들이 부정적으로 이해하고 있는 피로를 인간 삶의 기본 조건으로 제시하면서 '건강한 피로Gesunde Müdigkeit', '좋은 피로gute Müdigkeit', '창조적 피로Schaffensmüdigkeit'를 언급한다. 즉, 우리는 피로하여 아무것도 할 수 없게 될 때 비로소 새로운 것에 눈을 뜬다는 것이다. "피로의 영감은 무엇을 할 수 있는지보다는 무엇을 내버

---

28 한병철, 《시간의 향기》, 김태환 옮김, 문학과지성사, 2013, 17쪽.
29 우리에게 《관객모독》으로 유명한 오스트리아 출신의 노벨문학상 수상자 한트케는 노년에 시론적 형태의 에세이를 쓰기 시작했는데, 그 첫 시도가 《피로에 관한 시론》이다. Peter Handke, *Versuch über die Müdigkeit*, Suhrkamp: Frankfurt a. M., 1989.

피로와 철학상담: '성과주체'에서 '열매주체'로 |

려 두어야 괜찮은지에 대해 더 많은 것을 말해 준다."[30] 피로의 영감은 아무것도 할 능력이 없는 탈진 상태가 아니라 무엇인가 특별한 능력을 발휘할 계기를 주는 창조적 피로를 의미한다. 여유와 쉼을 통해 바쁨을 내려놓고 비로소 평화를 얻는 그런 창조적 피로이다. 이는 피로를 통해 비로소 우리가 쉼과 여유의 의미를 깨닫게 된다는 점에서 삶에 새로운 영감을 불어넣는 삶의 기본으로서의 "근본적 피로fundamentale Müdigkeit"[31]이자 아무것도 하지 않는 "부정적 힘의 피로, 즉 무위의 피로eine Müdigkeit der negativen Potenz, nämlich des nicht-zu"[32]이다. 반면 "탈진의 피로Erschöpfungsmüdigkeit"[33]는 무엇인가 행할 수 있는 능력을 송두리째 앗아 가는 과잉긍정의 피로이다.

그렇다면 우리는 어떻게 피로에서 무위의 소중함을 인식하는 창조적 영감을 불러올 수 있을까? 만성피로나 소진증후군과 같이 실제 피로로 인한 번아웃burnout 상태에서 이것이 가능한 것일까? 이런 상태의 사람들에게 한병철이 말하듯 탈진의 피로로부터 불현듯 '쓸모없는 것의 쓸모'를 깨우치는 것과 같은 영감과 마음의

--------------------------------

30  "Die Inspiration der Müdigkeit sagt weniger, was zu tun ist, als was gelassen werden kann." Peter Handke, *Versuch über die Müdigkeit*, eBook Verlag: Berlin, 2012; 한병철, 《피로사회》, 68쪽 재인용.

31  한병철, 《피로사회》, 68쪽.

32  한병철, 《피로사회》, 72쪽. 피로를 멈추기 위해서는 적극적이고 활발한 활동적 삶과 같은 '긍정의 미학'에 상응하여 침묵, 어둠, 빔, 멈춤, 쉼, 여유, 게으름 등과 같은 '부정의 미학'을 추구할 필요가 있다. 우리는 경쟁사회에서 무조건 먼저 하고 보자는 태도를 보이기 쉬운데 이를 멈추는 부정의 미학을 통해 피로에서 탈출할 수 있다.

33  한병철, 《피로사회》, 71쪽.

평화를 바라는 것은 지나치게 낭만적인 생각이 아닐까? 사실 이들에게 어떤 치료 행위 없이 그런 기대를 하는 것은 너무도 비현실적이다. 피로가 무위의 소중함을 인식하는 계기가 될 수 있으려면 적어도 일상의 일과 자기 삶에 대한 철학적 성찰이 선행되어야 한다. 이런 철학적 작업이 바로 철학상담의 과제 중 하나라 하겠다.[34] 피로로 탈진한 사람은 무기력하며 생각할 여유조차 없다. 지칠 대로 지쳐 있으며, 피로증후군까지 겪고 있는 이들에게서 피로를 통해 스스로 깨우침을 얻기를 바라는 것은 지나친 기대일 수 있다. 뿐만 아니라 일에 중독된 사람들은 심신이 망가져도 이를 눈치 채지 못할 때가 많으며, 비록 이를 알아차려도 멈추지 못한다. 따라서 우리는 노동에서 오는 피로로 탈진하여 힘이 전부 소진되기 전에 평소 자기 자신을 돌볼 필요가 있다.

노동은 생명을 가진 인간의 가장 기본적인 요소이자, 영혼과 육체의 합성체인 인간이 자기를 표현하고 실현하는 영육의 매개적 활동이다. 노동은 넓은 의미로 인간의 생명 활동을 위한 육체적·정신적 노력 일체를 의미한다. 여기에는 경제적 활동뿐 아니라 인간이 본성적으로 자기를 표현하는 모든 행위가 포함된다. 인간은 살아가기 위해서 노동할 뿐 아니라 자기를 타자에게 표현하고 전달하며, 가치를 실현하고 의미를 좇고자 노동한다. 인간은 생물학

---

[34]  피로로 탈진해 있는 사람을 상담하는 것도 중요하지만, 평소 일에 대한 의미를 찾고 건강하게 일할 수 있도록 상담하는 일은 철학상담의 중요한 과제 중 하나이다. 철학상담이 치료와 함께 예방적 차원의 철학교육을 목표로 한다는 것은 주지의 사실이다.

적으로 자연에 잘 적응된 동물과 달리 살아남기 위해서는 끊임없이 정신의 매개 작용을 수행해야 하며, 이는 바로 인간의 고유한 창조적 문화를 생성하는 원동력이 된다. 인간의 노동은 단순히 생명 유지를 위한 수단으로서의 동물의 행위와는 다르게 인간이 본질적으로 자기의 본성을 밝히는 매우 고유한 '인간적' 행위이다. 인간은 노동하지 않으면 인간다운 삶으로서 가치 실현과 의미 추구 등을 할 수 없으며, 따라서 전혀 인간답게 살아갈 수 없다. 노동이 이처럼 인간 고유의 삶을 누리는 데 매우 중요한 요소임에도 불구하고, 인간은 오히려 노동로 인해 자기상실을 느끼며 탈진까지 한다. 노동이 이렇게 왜곡되는 것은 사회구조와 밀접한 관련이 있다.

## 공동사회와 이익사회

오늘날 현대사회를 이익사회라 명명한다. 독일의 사회학자 퇴니스 Ferdinand Tönnies는《공동사회와 이익사회Gemeinschaft und Gesellschaft》 (1887)에서 인간 사회는 결합Verbindung을 원하는 일종의 의지 구조체로서 서로 관계 맺는 방식에 의해 구성되며, 그 관계적 결합의 방식은 실제적이며 유기체적인 삶으로서 이해되거나 혹은 이념적이며 기계적인 구조로서 이해된다며, 전자를 '공동사회Gemeinschaft', 후자를 '이익사회Gesellschaft'로 규정한 바 있다.[35] 이 규정에 따르면

---

35 Ferdinand Tönnies, *Gemeinschaft und Gesellschaft*, Gesamtausgabe, Band 2, Walter de

공동사회는 자연적인 '본질의지Wesenwille'에 기반하고 있으며, 이익사회는 합리적이며 의식적인 '선택의지Kürwille'에 기반하고 있다.[36] 현대 자본주의사회는 경제적 이익을 합목적적으로 지향하고 있다는 점에서 철저하게 이익사회를 대변하고 있다. 그러나 오늘날 이에 대한 반동으로서 구성원들의 유기적인 협력과 협동을 통해 함께 나누며 더불어 사는 이상적 사회를 지향하는 공동체운동이 세계 곳곳에서 활발히 진행되고 있다. 현대의 이익사회에서 사회 구성원은 그 사회가 원하는 목적에 부합한 자가 되어야 생존할 수 있다. 거대한 기계처럼 움직이는 사회 안에서 구성원 각자는 자기가 맡은 역할을 잘 수행하기 위해서 능력을 최대로 발휘해야 할 뿐 아니라 결실에서도 가능한 한 최고의 성과를 거둘 수 있어야만 한다. 현대 피로사회의 성과주체는 이런 이익사회의 결과물이며, 자율적 주체의 '할 수 있음'은 무의식적 생존을 위한 일종의 자기암시로 볼 수 있다. 우리가 성과 중심의 삶에서 자유롭기 위해서는 무한경쟁을 부추기는 이익사회에서 우선 벗어나야 한다. 우리는 이를 위해 무엇보다도 삶 자체를 향유하는 여유와 성과가 아닌 열매 중심의 삶이 필요하다.

Gruyter: Berlin · Boston, 2019, p. 124. 여기서 'Gemeinschaft'를 '공동체'로, 'Gesellschaft'를—이 단어 자체가 매우 포괄적인 의미를 지니고 있지만 공동체에 대응한 협의의 개념으로서—'사회'로 번역할 수 있겠다. 퇴니스는 사회 발전사적 측면에서 우리 사회가 공동사회(공동체)에서 이익사회로 발전했다고 주장한다.

[36] Ferdinand Tönnies, *Gemeinschaft und Gesellschaft*, p. 223 이하 참조.

공동체를 뜻하는 라틴어 'communitas'는 자발적인 의사 결사체의 성격을 지닌 'societas'와 그 의미가 다르다. 'con'(함께)과 'munus'(봉사, 의무)의 합성어인 'communis'(친절한, 친숙한, 공공의, 공동의, 보편적인)에서 파생된 'communitas'는 공통의 목적을 갖고 결성된 'societas'와 차별화된, 친교와 나눔과 봉사로 결속된 탈목적적 집단을 의미한다. 공동체를 구성하는 사람들은 각자가 고유한 인격체로서 신비로운 존재일 뿐 아니라, 스스로 결단하고 책임지는 자유로운 존재이다. 가톨릭 사회교리에 따르면 이상적인 사회는 "개인과 공동선의 전체적인 증진을 지향"하고 "연대와 이웃에 대한 헌신에 따라 법을 규정하고 존중하며 실천"하는 공동체에 있다.[37] 인간은 공동체 안에서 친교와 우애로 서로 결합하며, 지성과 자유의지의 본성에 부합한 행동과 자기 욕구를 뛰어넘는 사랑과 희생과 봉사의 정신으로 자기 완성에 이르고자 노력한다. 인간은 공동체 안에서 자기의 고유한 인격을 통해 유기체적 몸과 같은 공동체의 한 지체로서 자기 역할을 다하고, 자기의 고유한 소명의식을 가진다. 구성원 모두가 개별 인격의 고유성과 개인의 자유를 소중히 하면서 동시에 공동선을 지향하는 가운데 유기체적 공동체의 한 지체로서 자기 소명을 갖는 것은 이익사회와 구별되는 공동체의 가장 큰 특징 중 하나이다. 공동체의 구성원은 고유한 인격체로서 사회에 맹목적으로 봉사하기보다는 유기체적 공동체

---

37  교황청 정의평화평의회, 《간추린 사회교리》, 한국천주교중앙협의회, 2012, n.391, 296쪽.

의 고유한 지체로서 그 역할을 수행한다. 이 역할은 고유한 인격의 '천부적 재능talentum/τάλαντον'과 관련이 있으며, 성과와는 전혀 무관하다.

《신약성경》의 '달란트의 비유'(〈마태오복음〉 25:14~30)는 이와 관련하여 시사하는 바가 크다. 여기에서 달란트는 화폐단위이지만 개인이 천부적으로 지닌 고유한 재능과 깊은 관련이 있다. 이 비유에서 먼 길을 떠나는 주인이 뜬금없이 세 명의 종에게 당시로서는 상당한 액수인 다섯 달란트, 두 달란트, 한 달란트를 각각 맡긴다. 종들이 받은 각기 다른 달란트는 본래 그들이 지닌 고유한 재능과 비교될 수 있다. 여기서 흥미로운 점은 돌아온 주인이 그동안 달란트를 두 배로 늘린 종들은 칭찬하고, 달란트를 받아 그대로 땅에 묻어 두었던 종에게는 분노했다는 사실이다. 재화가 그 '쓰임'에서 본래의 '가치'를 드러내듯이 재능 또한 그렇다. 여기서 쓰임과 가치는 노동과 결실에 상응하며, 비유에서 배로 늘어난 달란트는 재능에 부합한 노동을 통해 얻은 결실을 의미한다. 즉, 두 명의 종은 자기 재능에 부합한 일을 한 결과 그에 상응한 결실을 얻었고, 나머지 한 명의 종은 그렇게 하지 못했다. 달란트를 땅에 묻어 둔 게으른 종은 재능에 맞는 노동을 전혀 하지 않은 것이다. 달란트의 비유가 의미하듯이 노동의 의미는 피로사회가 보여 주는 성과 자체에 있는 것이 아니라, 천부적으로 부여받은 재능을 만개시키는 데 있다. 따라서 우리가 피로사회에서처럼 노동으로 인해 피로하지 않으려면 삶을 노동의 '성과'에 맞추기보다는 노동의 '열매'에 맞추어야 한다. 열매는 강제적인 성과가 아니라 순수한 노동으로 얻는 자연스러운 결실이다. 노동하는 인간은 자기 본성에 따라서 '성과주체'가 아니라 '열매주체'가 되어야 한다. 우리가 지향해야 할 것도 자기 재능을 넘어선 성과 중심의 삶이 아니라, 자기 본성과 재능에 부합한 열매 중심의 삶이다. 우리 공동체에서의 삶이 '부정'을 부정하고 무조건 할 수 있다는 성과 중심의 삶이 아니라 자기 한계를 인식하고 그에 상응한 노동을 통해 자연스럽게 얻게 되는 열매 중심의 삶이 될 때, 우리는 비로소 피로가 아닌 행복에 이를 수 있다.[38] 우리는 자기 한계를 인식하게 될 때 부정의 긍정성을 인식하게 되며, 인위人爲 가운데 무위無爲와 일 가운데 쉼의 소중함을 깨닫게 된다.

### 떠남과 열매주체의 삶

그렇다면 어떻게 우리는 성과주체에서 열매주체가 될 수 있을까? 플라스푈러Svenja Flaßpöhler는 《우리는 향락노동자: 성과사회에서 자유와 강제Wir Genussarbeiter: Über Freiheit und Zwang in der Leistungsgesellschaft》

---

38  아리스토텔레스는 행복을 어떤 다른 목적을 갖지 않고 행위 그 자체에 목적이 있는 최고선과 행위주체의 본성에 입각한 행위와 결부시킨 바 있는데, 노동의 행위 역시 그것이 진정한 행복이 되기 위해서는 다른 목적을 갖기보다는 그 자체로 바랄 만한 것이 되어야 한다. 열매주체로서의 노동이 바로 그런 행위라 할 수 있다. 박병준, 〈행복과 치유 – 아리스토텔레스의 《니코마코스 윤리학》의 행복 개념을 중심으로〉, 《철학논집》 제42집, 서강대철학연구소, 2015, 14~21쪽 참조.

(2011)[39]에서 노동하는 우리가 왜 행복하지 않고 우울한지 묻고, 그 가장 큰 이유를 일중독 때문이라고 주장한다. 이에 따르면 오늘날 우리에게 노동은 더 이상 고통이 아니며, 우리는 자발적으로 일에 중독된 '향락노동자Genussarbeiter'이다. 우리는 지금 "향락이 노동이요 노동이 향락"[40]인 시대에 살고 있다. 우리가 과잉긍정 시대에 살며 노동이 향락이 될 만큼 노동에 중독되어 스스로 알아서 힘을 쏟아붓는 이유에는, 앞서 언급한 인간의 채워질 수 없는 근원적 욕망이나 이익사회에서의 생존 외에도 타인으로부터 인정받고 사랑받고자 하는 인간의 욕구가 자리 잡고 있다. 사회적 존재인 인간은 타인과 함께하는 '공존재Mitsein'이자 그 안에서 타인에게 끊임없이 인정받고자 갈등하는 '인정투쟁Kampe um Anerkennung'의 존재이다. 호네트Axel Honneth는 사회의 동력이 인정투쟁에서 비롯된다고 주장한다.[41] 인간은 인정받고 사랑받기 위해서 많은 에너지를 쏟는다. 그런데 플라스푈러는 이렇게 인정받고자 하는 강박적인 사랑이 오히려 우리를 일에 중독되도록 만든다고 경고한다. "워커홀릭은 강박적인 사랑을 하는 사람이다. 그는 일을 통해 자아를 실현하지 않고 일을 위해 자신을 희생한다. 일의 마음에 들

39  한글 번역본의 제목은 '우리의 노동은 왜 우울한가'이다. 스베냐 플라스푈러, 《우리의 노동은 왜 우울한가》, 정혜경 옮김, 로도스, 2013.
40  스베냐 플라스푈러, 《우리의 노동은 왜 우울한가》, 8쪽.
41  악셀 호네트, 《인정투쟁 – 사회적 갈등의 도덕적 형식론》, 문성훈·이현재 옮김, 사월의 책, 2011, 33쪽 참조.

기 위해, 일을 잃지 않기 위해 일에게 봉사한다."[42] 우리가 사람들에게 관심을 받고 인정받기 위해서, 그리고 궁극적으로 사랑받기 위해 일에 몰두하는 경향이 있지만, 일하다 보면 주객이 전도되어 일 자체에 얽매이는 경우가 종종 있다. 그런데 사랑은 성과와 전혀 무관하다. 사랑은 존재로의 개방에서 오는 열매이며 은총이기 때문이다.[43] 우리는 평소 성과 차원에서 사랑을 얻기 위해 부단히 힘써 일하지만, 실제로 사랑을 얻기보다는 오히려 에너지가 고갈되는 상황을 맞이하곤 한다. 사랑의 본질은 절대적인 존재 긍정이요, 이 긍정의 힘은 다른 곳에서 오는 것이 아니라 존재 자체에 근원하고 있으므로 우리가 거기에 자연스럽게 참여할 때 비로소 얻을 수 있는 것이다. 사랑은 존재 자체로부터 오는 은총이자 선물로서 노동의 대가나 성과가 아니라 존재로 개방된 삶의 결실이자 열매이다. 만약 우리가 사랑에 집착하여 그에 상응한 노동을 통해 어떤 성과를 얻고자 한다면, 이는 결국 실패로 끝날 것이며 우리는 힘만 소진한 채 탈진하게 될 것이다. 사랑은 자기 존재와 타자 존재를 긍정할 수 있는 영혼의 일용할 양식과 같은 것으로 수시로 밖에서 채워야 할 절대적 긍정의 힘이다. 그렇지 않다면 결코 나와 타자가 존재할 수 없기 때문이다. 그렇기에 우리가 진정한 사

---

[42] 스베냐 플라스푈러, 《우리의 노동은 왜 우울한가》, 110~111쪽.

[43] 박병준, 〈'사랑'에 대한 철학적 성찰〉, 《해석학연구》 제14권, 한국해석학회, 2004, 307~334쪽; 박병준 · 홍경자, 《아픈 영혼을 철학으로 치유하기 – 철학상담을 위한 공감적 대화와 초월 기법》, 학이시습, 2018, 121~165쪽 참조.

랑을 원한다면 사랑을 얻을 수 있도록 그에 맞게 행동 양식과 태도를 변화시켜야 한다. 사랑은 존재 자체의 충만에서 오는 것으로서 우리는 우선 거기로 자기 자신을 개방하고, 그 충만함을 스스로 느낄 수 있어야 한다. 그때 비로소 저절로 사랑할 수 있게 된다. 그러나 존재의 충만으로의 자기 개방은 일에 파묻혀 있는 일상에서는 불가능한 일이다. 이는 하이데거Martin Heidegger의 표현처럼 존재 사유를 통한 존재가 비추는 '트임Lichtung'[44]의 장에서 가능하다. 즉, 우리가 나무가 빽빽이 들어찬 어두운 숲길을 걷다가 뜻밖에 마주치는 빛이 들어오는 빈터, 즉 트임처럼 바쁜 일상의 일을 멈추고 사유의 공간을 마련할 때 우리는 비로소 여유로움과 함께 존재가 선사하는 트임의 순간과 마주 서게 된다. 이는 삶의 경외를 느끼는 순간이자 삶이 바로 열매 자체임을 깨닫는 순간이다. 존재의 충만 속에서 성과는 무의미하며, 모든 것은 은총이자 열매인 것이다. 이렇게 과잉긍정을 넘어서는 긍정의 부정은 극심한 피로와 탈진 같은 부정의 상태에서 오는 것이 아니라 존재의 빛이 밝혀져 오는 트임의 장소에서 온다.

그러나 성과에 매달린 피로사회에서 통찰을 주는 트임과 마주치는 일은 말처럼 쉽지 않다. 이는 무엇보다 우리가 현재의 삶에 너

---

[44] 하이데거는 존재에 상응하는 무의 불안이라는 근원적 장소Ortschaft는 존재가 환하게 빛을 밝히는 트임의 장이라고 주장한다. Martin Heidegger, *Wegmarken*, Gesamtasugabe, Band 9, Vittorio Klostermann: Frankfurt a. M., 1976, p. 308; (한글 번역본) 마르틴 하이데거,《이정표 1》, 신상희 옮김, 한길사, 2005, 181쪽.

무 익숙해 있기 때문일 것이다. 하이데거는 현존재의 평균적인 일상성Alltäglichkeit을 '거주함Wohnen'과 '친숙함Vertrautsein'으로 규정하고, 이는 보통 사람das Man들이 "안정된 자기확실성과 자명한 평안함Zuhause-sein"을 추구하기 때문이라고 주장한다.[45] 익숙함, 즉 습관Gewohnheit은 편안함Behagen에 뿌리를 두고 있다. 이런 익숙함으로부터 떠나는 훈련이 성과 중심의 피로사회에서 우리가 탈피할 수 있는 출구이다. 떠남은 현재의 익숙함에서 낯섦으로의 여정을 의미한다. 그러나 인간은 불확실성의 불안을 숨기지 못하며, 그래서 삶에서 가능한 한 확실하고 안전하고 편안한 것을 추구한다. 그리고 친숙함, 즉 거주가 이를 보장한다. 라틴어에서 '거주habitatio'와 '습관habitus'은 같은 어원을 갖고 있으며, 그것은 '움켜쥐다habeo/habere'를 뜻한다. 윤리ἠθικά도 어원상 이 거주함의 습성ἦθος에서 유래한다. 마치 막 세상에 나온 어린 생명의 오그린 손처럼 인간의 '움켜쥠'은 낯섦을 익숙함으로 가져오려는 인간의 근원적 욕망을 상징한다. 인간이 이 움켜쥔 손을 펼치는 순간은 삶의 마지막 순간, 즉 죽음의 때이다. 그러나 우리는 해방과 자유를 위해서 죽음의 순간만이 아니라 삶의 순간순간에도 움켜쥔 손을 펼칠 수 있어야 한다. 펼친 손이야말로 새로운 가능성으로의 자유를 상징하기 때문이다.《구약성경》〈창세기〉에 '신앙의 아버지'라 일컬어지는 아브

[45] 마르틴 하이데거,《존재와 시간》, 이기상 옮김, 까치글방, 1998, 257, 486쪽; Martin Heidegger, *Sein und Zeit*, Elfte, unveränderte Auflage, Max Niemeyer Verlag: Tübingen, 1967, p. 188, p. 371 참조.

람의 이야기가 나온다. "네 고향과 친족과 아버지의 집을 떠나, 내가 너에게 보여 줄 땅으로 가거라. … 너에게 복을 내리며, 너의 이름을 떨치게 하겠다. 그리하여 너는 복이 될 것이다. … 아브람은 주님께서 이르신 대로 길을 떠났다."(《창세기》, 12:1b, 2, 4a) 아브람은 익숙함의 상징인 고향을 홀연히 떠남으로써 믿음을 행동으로 옮기는 진실한 신앙의 아버지가 된다. 그렇다면 우리의 일상은 어떠한가? 언제나 똬리를 틀고 있는 장소에서 일어나 떠날 채비가 되어 있는가? 만약 그렇다면 이는 아브람처럼 삶의 진솔한 신앙인일 것이다. 익숙함에서 낯섦으로의 떠남은 결코 쉬운 일이 아니다. 그러나 낯섦으로의 떠남 없이는 새로움을 맞이할 수 없다. 낯섦으로의 떠남은 모험이자 희망이요 믿음과 신념을 사는 신앙이다. 낯섦으로의 떠남은 단독자만이 걸을 수 있는 실존의 길이기도 하다. 그리고 이런 실존의 길은 아브람이 자기 자식을 하느님의 제물로 바친 데서 보여 준 것처럼 고뇌에 찬 길이자 고독한 길이다. 이는 결코 익숙한 길일 수 없다. 자기변형transformation은 이런 떠남 없이는 불가능하다. 우리는 아렌트의 주장처럼 생각을 표현하는 행동action하는 주체가 될 때 거듭 태어날 수 있다.

자기를 거듭 태어나게 하는 이런 주체적 행동은 야스퍼스Karl Jaspers의 '철학적 신앙'[46]에서도 발견된다. 야스퍼스에 의하면 인간 현존재는 환경의 지배를 받지만, 실존적 자각과 이해는 존재 자체

---

[46] 카를 야스퍼스, 《철학적 신앙》, 신옥희 옮김, 이화여자대학교 출판부, 1995, 18쪽.

로부터 조명된다. 실존이 조명되는 존재의 양태는 이념으로서의 세계Welt요 초월자Transzendenz이다. 세계와 초월자 안에서 자기 해명의 길이 바로 야스퍼스의 철학적 신앙의 핵심이다. 세계와 초월자를 포괄하는 존재 자체는 자기를 비춰 주는 계시적 성격을 지니고 있다. 왜냐하면 그것은 우리의 의식이 보여 주는 모든 주객의 관계를 뛰어넘어 있기 때문이다. 철학적 신앙은 주객을 뛰어넘어 있는 존재의 계시Offenbarung에 근거하기에 객체적 대상성과 주체적 내면성의 상호 중재, 즉 주객을 연결하는 포괄자das Umgreifende를 통해서만 암호Chiffre를 풀어 나가듯 이해될 수 있다. 철학적 신앙은 주객의 분열과 긴장을 끊임없이 조정하는 변증법적 사유의 과정이다. 이와 관련하여 우리는 노동을 욕망의 대상으로 객관화시키거나 혹은 과잉긍정의 행위로 주관화시킬 수도 있지만, 더 중요한 것은 이를 존재론적 사유로 끌어오는 일이다. 왜냐하면 삶은 그 자체가 신비인 존재에서 오는 암호와 같기 때문이다.

우리는 움켜쥔 손을 펼치고 존재가 선사하는 열매에 눈을 돌려야 한다. 이때 익숙함에서 낯섦으로의 떠남은 무엇보다도 중요하다. 떠남은 일로부터의 떠남일 수도 있고, 사유의 집착으로부터 떠남일 수도 있다. 노자老子는 《도덕경道德經》 2장에서 성인聖人의 도를 자기가 이룬 일에 대한 집착에서 벗어나는 길이라 가르친다. "(성인)은 잘살게 해 주고도 그것을 자신의 소유로 하지 않으며, 무엇을 하되 그것을 자신의 뜻대로 하려 하지 않는다. 공이 이루어져도 그 이룬 공 위에 자리 잡지 않는다(生而不有, 爲而不恃, 功成而弗居)"[47] 《신약성경》에서 예수 그리스도 역시 '일을 마친 후 기도하러 한적한 곳으로 떠났다'는 기록이 자주 나타난다. 특히 5천 명을 먹인 빵과 물고기의 기적 사화에서 예수 그리스도는 세속적으로 보면 대단한 성과를 거뒀지만, 그 자리에 머물지 않고 곧바로 그 자리에서 떠났다고 기록되어 있다.[48] 노자나 예수 그리스도의 경우처럼 일의 성과에 집착하지 않고 오히려 성과로부터 떠남은 성과주체가 아닌 열매주체로의 삶의 한 모습이다. 철저하게 성과에 방관적인 태도는 무위無爲의 행위行爲, 즉 행하지 않은 듯하면서도 행하는 위무위爲無爲의 도道, 달리 표현하면 '떠남의 영성'이라 할 수 있다. 자기가 행한 일로부터 자유롭게 떠남은 일과 성과에 대한 '침묵'이자 '빔'이다. 피로를 치료하는 여유로움은 분주함이 아닌 침묵과 빔에서 온다.

## 나가는 말

현대사회에서 피로는 더는 소진증후군 현상을 보이는 특정인에 한정되지 않으며, 평범한 일상인의 삶 전반에 깊숙이 침투해 있으

---

47  최진석, 《노자의 목소리로 듣는 도덕경》, 소나무, 2001, 34~35쪽.
48  〈마태오복음〉 14:13~21; 〈마르코복음〉 6:30~46; 〈루카복음〉 9:10~17; 〈요한복음〉 6:1~14 참조.

면서 사람들을 절망과 고통으로 내몬다. 오늘날 일상의 삶에서 자기도 의식하지 못한 채 어느 순간 피로로 인해 무기력감에 빠지거나 일과 삶에 깊은 회의를 느끼는 사람들이 많은 만큼, 이들을 돌보는 일을 정신의학의 심리치료에만 맡겨 두기보다는 일상의 삶에 활력과 도약을 주고자 하는 철학상담이 좀 더 적극적으로 피로에 관심을 두고 그 원인을 철학적으로 분석하고 검토하며, 나아가 치유의 방법을 모색할 필요가 있다.[49] 앞서 살펴보았듯, 피로는 삶을 대하는 우리의 기본 태도와 밀접한 관계가 있다. 생존과 가치 실현의 목적 외에도 평소 우리가 노동에 어떤 의미를 부여하며 사는지를 이해하기 위해서, 자기 행동에 내재된 관념과 개념 그리고 세계관을 검토하는 세계관 해석은 현대의 피로사회를 극복하는 중요한 열쇠가 된다. 우리는 세계관 해석을 통해서 문제점을 발견하고, 자기 변화를 도모하며, 자기 한계를 극복할 수 있기 때문이다.

한병철이 주장하듯이 피로사회로 대변되는 현대사회의 부정성이 과도한 자기긍정의 성과주체에서 비롯된다면 그 근본 문제 해결은 이를 넘어서는 데 있다. 즉, 그것은 다름 아닌 성과주체에서 열매주체로의 자기변형이다. 한병철이 피로사회의 현대인을 과거

---

49 드물지만 다행히도 국내에서 철학상담의 관점에서 현대인의 삶의 피로를 진단하고 치료를 모색하는 연구들이 눈에 띈다. 이와 관련하여 김선희, 〈'피로사회'에 나타난 주체들의 병리적 유형화와 치료적 접근─미메시스 개념과의 관계를 토대로〉, 《철학연구》 제107집, 철학연구회, 2014, 173~200쪽; 김선희, 〈피로회복과 '사색적 삶, 활동적 삶 그리고 예술적 삶'의 치료적 관계─호메로스, 한병철, 니체를 중심으로〉, 《니체연구》 제35집, 한국니체학회, 2019, 141~170쪽 참고.

규율사회의 인간과 비교하여 개개인이 주권자가 되어 자기를 착취하는 존재로 묘사하지만, 사실 우리는 바쁜 일상에 젖어 여전히 온전한 개인, 즉 키르케고르Søren Kierkegaard적 의미의 단독자로서 주체성 있는 삶을 살지 못한다. 성과를 부추기는 사회에 매몰된 채 병적인 과잉긍정의 모습을 보이는 성과주체의 삶이 주체성 있는 삶이라 할 수는 없다. 현대의 주체성 있는 삶은 성과에 있기보다는 오히려 그로부터 해방된 여유로움에 있다. 여유로운 삶 속에서만 비로소 우리는 자기를 돌아볼 수 있고, 진정한 자기를 발견할 수 있기 때문이다. 결코 충족될 수 없는 성과 욕망에 무방비적으로 노출된 사회에서 성과주체가 자기착취의 가학적 모습을 띤다면, 열매주체는 성과에 집착하지 않는 여유로움을 통해서 해방과 자유를 얻는다.

인간은 근본적으로 '노동하는 인간homo laborans'으로서 인간에게 노동은 필연적이요, 노동함에 있어서 긍정적 태도 또한 잘못된 것일 수 없다. 문제는 우리가 존재 진리 안에서 이것과 관계 맺는 삶의 방식이다. 우리는 도대체 무엇 때문에, 무엇을 위해서 자기를 소진케 할 만큼 그렇게 과도하게 일하는 것일까? 다시 물음의 출발점에 서게 된다. 그리고 진정한 사색의 "숲길Holzwege",[50] 거기서 마주치는 빈터Lichtung를 떠올린다.

<hr>

50  마르틴 하이데거, 《숲길》, 신상희 옮김, 나남, 2010, 13쪽.

참고문헌

교황청 정의평화평의회,《간추린 사회교리》, 한국천주교중앙협의회, 2012.

권택영, 〈라캉의 욕망이론〉,《(자크 라캉) 욕망이론》, 권택영 엮음, 민승기 · 이
　　미선 · 권택영 옮김, 문예출판사, 1996.

김선희, 〈'피로사회'에 나타난 주체들의 병리적 유형화와 치료적 접근 - 미메시
　　스 개념과의 관계를 토대로〉,《철학연구》제107집, 철학연구회, 2014.

_____, 〈피로회복과 '사색적 삶, 활동적 삶 그리고 예술적 삶'의 치료적 관계 -
　　호메로스, 한병철, 니체를 중심으로〉,《니체연구》제35집, 한국니체학회,
　　2019.

마르틴 하이데거,《숲길》, 신상희 옮김, 나남, 2010.

_____,《이정표 1》, 신상희 옮김, 한길사, 2005.

_____,《존재와 시간》, 이기상 옮김, 까치글방, 1998.

박병준, 〈'사랑'에 대한 철학적 성찰〉,《해석학연구》제14권, 한국해석학회,
　　2004.

_____, 〈행복과 치유 - 아리스토텔레스의《니코마코스 윤리학》의 행복 개념을
　　중심으로〉,《철학논집》제42집, 서강대철학연구소, 2015.

_____, 〈현대사회에서 인간의 욕망 - 욕망에 대한 형이상학적 본질 탐구〉,《가
　　톨릭철학》제32호, 한국가톨릭철학회, 2019.

박병준 · 홍경자,《아픈 영혼을 철학으로 치유하기 - 철학상담을 위한 공감적
　　대화와 초월 기법》, 학이시습, 2018.

박태홍, 〈만성 피로증후군의 2000년도의 이해〉,《근관절건강학회지》9/2, 대한
　　근관절건강학회, 2002.

스베냐 플라스푈러,《우리의 노동은 왜 우울한가》, 정혜경 옮김, 로도스, 2013.

슬라보예 지젝,《이데올로기의 숭고한 대상》, 이수련 옮김, 새물결, 2017.

악셀 호네트,《인정투쟁 - 사회적 갈등의 도덕적 형식론》, 문성훈 · 이현재 옮김,
　　사월의책, 2011.

주지현 · 박성환, 〈만성피로증후군〉,《대한내과학회지》70/4, 대한내과학회,
　　2006.

최진석,《노자의 목소리로 듣는 도덕경》, 소나무, 2001.

카알 야스퍼스,《철학적 신앙》, 신옥희 옮김, 이화여자대학교 출판부, 1995.

한나 아렌트,《인간의 조건》, 이진우 · 태정호 옮김, 한길사, 1996.

한병철,《시간의 향기》, 김태환 옮김, 문학과지성사, 2013.

_____,《피로사회》, 김태환 옮김, 문학과지성사, 2013.


Arendt, Hannah, *Vita activa oder Vom tätigen Leben*, Piper: Müchen · Zürich, 1994.

Handke, Peter, *Versuch über die Müdigkeit*, Suhrkamp: Frankfurt a. M., 1989; eBook Verlag: Berlin, 2012.

Heidegger, *Martin, Sein und Zeit*, Elfte, unveränderte Auflage, Max Niemeyer Verlag: Tübingen, 1967.

Heidegger, Martin, *Wegmarken, Gesamtasugabe*, Band 9, Vittorio Klostermann: Frankfurt a. M., 1976.

Tönnies, Ferdinand, *Gemeinschaft und Gesellschaft*, Gesamtausgabe, Band 2, Walter de Gruyter: Berlin · Boston, 2019.

# '피로' 시대의 돌봄과
# 주체적 신체성

| 이기원 |

# 머리말

라이히Wilhelm Reich는 억압된 정서와 정신적 경직성이 우리 신체에 만성적 근육긴장과 근육경련을 가져오면서 신체에 축적된다고 보고 이를 '근육갑옷'이라 했다. '근육갑옷'이란 상처·억압 등 어릴 때부터 저장된 좋지 않은 기억을 씻어 내지 못하여 신체에 각인되는 것을 말한다.[1] '근육갑옷'은 신체의 병리성을 의미한다. 그런데 '만성적 근육긴장과 근육경련'은 에너지가 소진되어 극도의 무력감과 신체적, 정신적 피로를 느끼는 '번아웃burnout증후군'에서도 발생한다. 자신이 속한 곳에서 살아 내기 위해 자신이 가진 에너지 이상을 사용하게 되고, 그것이 회복되지 못하는 상태에 이르면 '번아웃'된다. 버티고 견디기 위해 스스로를 억압하기도 하고 사회적으로 버티고 견디도록 억압당하기도 하는 그 모든 것들이 병리적인 심신을 만들어 낸다.

'피로'는 몸과 마음의 어느 한쪽에만 영향을 주지는 않는다. 몸이 피로하면 마음도 피로하고, 마음이 피로하면 몸도 피로해진다. 만성피로는 심신에 고통을 유발한다. 피로에 의한 심신의 고통에서 벗어나기 위해 일반적으로 제시하는 운동, 여가 활동 등 대부분의 회복 방법은 신체와 관련되어 있다. 신체의 활동이 정서적

---

[1]  김재숙, 〈신체동학: 심신 조율 그리고 예술치료 – 인도의 춤 미학을 중심으로〉, 《철학연구》 36집, 2008, 440쪽.

억압에서 회복되는 중요한 루트라는 점이다. 신체 활동을 통해 경직되고 병리적이게 된 자신의 신체를 다시 보게 된다. 피로한 심신을 회복하기 위해서는 마음의 반응도 중요하지만 신체적 반응에도 예의 주시해야 하는 것이다. 예를 들어, 만성피로증후군을 호소하는 사람들이 '단기 기억장애, 집중력 손상, 인후통, 근육통, 지속적인 피로, 무력감' 등으로 고통받는다는 연구를 보면,[2] 신체에 각인되고 고통을 유발하는 피로가 있음을 알 수 있다. 몸이 힘들면 만사가 귀찮아지게 마련이다.

유가 철학에는 수양과 관련한 연구가 많이 있다. 이 수양론을 피로와 관련시켜 본다면 어떠한 측면에서 논의해 볼 수 있을까? 《대학大學》7장에는 "마음이 여기에 있지 않으면 보아도 보이지 않고 들어도 들리지 않고 먹어도 맛을 모른다"는 기술이 있다. 마음이 있어야 할 곳에 있지 않으면 보고 듣고 먹는 행위가 아무런 의미가 없어 보인다. 여기에서는 보고 듣고 먹는 신체적 행위에 선행하여 '마음'의 작용이 강조된다.《대학》의 3강령을 이루기 위한 8조목은 '성의誠意'와 '정심正心'이라 하여 '마음'을 바르게 하는 것을 강조하고 있다. 주희는《대학》1장의 '정심'에 대한 주해에서 '마음은 몸의 주인'이라 했다. 주자학의 격물치지格物致知로 대표되는 수양론은 '마음'과 밀접하게 관련되어 있다. 격물치지를 이루기

---

2  한금선·박은영·전겸구, 〈만성피로환자의 스트레스 증상에 영향을 미치는 요인에 대한 탐색적 연구〉,《한국심리학회지: 건강》vol. 9,  2004, 132쪽.

위한 '소이연所以然'과 '소당연所當然'은 '마음'의 깊이 있는 사려를 통해 이루어진다. 이러한 이유로 수양론 연구는 주로 '마음'의 수양에 집중해 왔다. 주자학의 도덕론 역시 마음에 대한 강한 신뢰성을 바탕으로 한다. 주자학이 인간의 성을 본연과 기질로 구분하여 본연의 성을 회복하려는 복초설復初設을 주장한 것도, 마음의 자율적 통제를 인정했기 때문이다. 신체의 수양은 마음의 수양에 의한다는 인식이 강했다.

그렇지만 유가는 '신체'적 수양의 중요성을 인식하고 있었다. 예악禮樂에 의한 수양은 기본적으로 신체와 관련되며, 어린 시절에 배우는《소학小學》역시 신체적 수양과 깊이 관련된다. 주희 역시 '지경持敬'과 관련하여 마음의 단속, 보존만으로 '경'한 상태를 유지할 수 있다는 것을 '병통'이라 하면서 치신治身의 중요성을 강조했다.[3] 이러한 점에서 본다면 유가의 수양론에서 '신체'는 중요할 수밖에 없다.

이에 이 글에서는 '피로'에서의 탈출과 회복을 위해 '신체'에 주의하여 '자율주체'의 회복과 돌봄이라는 측면에서 '신체적 돌봄'을 생각해 보고자 한다. '마음 중심적 사고'는 '신체의 망각'을 유발했고 '신체'를 소외시켰다. 이러한 점에서도 신체를 다시 생각해 보는 것은 중요한 문제라고 판단된다.

--------

3 이기원,〈격물치지론에 대한 철학치료적 접근－세계, 나, 타자의 이해를 위한 자아성찰〉, 《인문과학》63집, 성균관대학교 인문학연구원, 2016, 217~218쪽.

# 신체로의 시선

철학실천에서 마음의 치유만큼이나 신체의 치유는 중요하다. 우리의 신체는 자신이 속한 문화에 자연스럽게 적용되기도 하고 때로는 원하지 않은 형태로 억압당하기도 한다. 일종의 규율화가 진행되면서 자기도 모르는 사이에 자신이 속한 문화의 규율을 따르게 되고, 순응하는 신체가 형성된다. 이러한 과정에서 '억압되고 경직된' 신체가 형성되고 병리화된다. 그런데 라이히가 말하는 '근육갑옷'에 의한 '신체의 병리화'는 최근 '피로'에 의한 '번아웃증후군'을 경험하는 사람들에게서도 중요한 문제가 된다.

지난 3월 취업포털 인크루트가 직장인 750명을 대상으로 실시한 '번아웃증후군 경험 여부' 설문조사 결과에 따르면 '최근 1년간 번아웃증후군을 겪었는가'라고 묻는 질문에 응답자의 64.1퍼센트가 '그렇다'고 대답했다. 세부적으로 보면 '매우 그렇다' 22.4퍼센트, '다소 그렇다' 41.7퍼센트로 나타났다. '그렇지 않다'고 답한 비율은 35.9퍼센트에 불과했다. _《서울신문》, 2021년 8월 24일자

직장인 3명 중 2명이 '번아웃증후군'에 시달릴 만큼 최근 '번아웃'에 처한 사람이 증가하고 있다. '번아웃'이 되면 전술한 것처럼 무기력, 자기혐오, 분노, 의욕 상실, 불필요한 성과成果에 대한 집착, 냉소적인 태도 등의 감정을 경험하게 된다. 직장인들이 경험하

는 '번아웃'에는 개인적, 사회적 특성이 반영되어 있다. 특히 '사회적 특성'에는 직무 관련 문제가 있다.[4] 그런데 직무 관련 문제 속에는 "한국의 독특한 조직문화에 기인하는 경향성도 있다. 예를 들어 태움 문화, 자조 그룹 결성 불가능, 불안정한 고용 조건, 상명하복 조직문화, 불합리한 성과급 제도, 전문성에 대한 사회 인식 부족, 직무에 대한 비관적 전망" 등이 제기된다.[5]

이러한 번아웃에 대해 '의미의 소진meaning burnout과 돌봄의 소진caring burnout', '정서적 고갈emotional exhaustion'이라는 견해가 있다.[6] 이러한 점에서 '자기상실'이 번아웃에서 가장 중요한 문제가 된다. 또한 '번아웃'에서 회복되기 위한 '케어'에는 전술한 것처럼 신체적 활동이 필수적으로 동반된다. 그렇다면 바람직한 '신체'는 어떠해야 하는가? 이를 고찰하기 위해 먼저 '신체'를 어떻게 이해해 왔는지를 검토해 보자.

공자는 신체의 중요성에 대해 《효경孝經》에서 상세하게 기술하고 있다. 《효경》은 '신체발부수지부모身體髮膚受之父母'로 시작한다.

---

[4] 직무 관련 문제로 경험하는 '번아웃'의 원인으로 직무 자율성 부족, 과도한 경쟁, 엄격한 조직문화, 업무 관행, 위계질서, 권위주의적 업무 환경, 부조리, 괴롭힘, 따돌림, 실적에 대한 압박, 승진, 견제, 무시, 성차별, 불합리한 상사, 반복적인 업무, 과다한 업무, 과도한 행정 업무, 부적절한 업무 부과, 업무 지원 부족 등을 지적한다. 박수정·김민규·박봉섭·정지현·김도윤·박정렬, 〈한국형 번아웃 증후군 형성과정 및 대처방안에 관한 근거 이론적 접근〉, 《교육문화연구》 제24-1호, 2018, 165쪽.

[5] 박수정·김민규·박봉섭·정지현·김도윤·박정렬, 〈한국형 번아웃 증후군 형성과정 및 대처방안에 관한 근거 이론적 접근〉, 《교육문화연구》 제24-1호, 2018, 165쪽.

[6] 이은수, 〈자기 돌봄 일상화에 관한 소고: 번아웃 회복을 중심으로〉, 《인문사회》 21, 13호, 2022, 914쪽.

우리 신체는 부모에게 물려받은 것으로 함부로 훼손할 수 없다. 유학에서 신체는 부모의 유체遺體로 함부로 해서는 안 되는 대상 이다. 부모의 신체 역시 그들의 부모에게서 물려받았으며, 그 부모 는 또한 그들의 부모에게서 물려받았다. 이렇게 하여 조상의 신체 는 자손의 신체를 통해 영원히 이 세상에서 존속하게 된다. 거기 에는 조상으로부터 내려오는 동일한 기氣가 자손에게 영원히 계승 된다는 인식이 있다. 선조는 과거이며 자손은 미래이다. 이처럼 신 체는 마음만큼 중요하게 인식되어 왔다.

신체는 기氣의 덩어리로 구성되어 있다. 음기와 양기가 서로 결 합하여 사물을 형성하듯이, 인간의 신체도 역시 음기와 양기가 결 합하여 만들어진다. 이러한 견해는 인간이 천지와 연결되어 있음 을 의미한다. 여기서 중요해지는 것이 양생養生인데, 이는 기를 체 내로 흡수하는 것이다. 기를 체내로 흡수하는 방법으로는 호흡과 음식의 섭취가 있다. 우리의 신체는 끊임없는 활동으로 생명력을 유지해 간다. 이러한 신체의 활동이 정지되는 상태가 죽음이다. 신 체를 어떻게 '양생'할 것인가가 대단히 중요해진다. 따라서 어떠한 신체를 형성할 것인가의 문제는 신체를 어떻게 양생할 것인가와 관련되며, 또한 신체를 어떻게 수양할 것인가와도 관련된다. 인성 수양에서 신체적 수양은 마음의 수양과 함께 반드시 병행되어야 만 한다.

신체의 수양과 교육에서《소학》은 중요한 역할을 했다.《소학》 은 육덕(知仁聖義忠和), 육행(효, 우애, 친족과의 화목, 외척과의 화목, 믿음,

구휼), 육예(예, 악, 활쏘기, 말타기, 글공부, 산수)의 교육을 통해 몸의 행동거지를 바르게 하는 방법과 이를 통해 마음을 다스리는 방법을 제시한다. 일종의 예절교육으로 경신敬身, 수신修身, 치심治心, 수기修己의 교육이다. 이는 몸에 대한 교육의 중요함을 말해 준다. 자신의 몸을 경건하게 인식하고 다루는 것, 몸을 다스리는 것, 마음을 다스리고 자기를 다스리는 것이 교육의 주된 내용이다. 이러한 측면에서 본다면 신체에 대한 성찰은 신체의 소중함을 일깨워 주는 교육적 영위에 해당될 것이다. 마음가짐은 신체의 행동거지를 어떻게 하느냐에 따른다. 그렇기 때문에 신체는 수신에서 가장 중요한 부분이다. 이처럼 《소학》에서 교육하는 입교, 명륜, 경신, 계고, 가언, 선행의 여섯 부분을 보면 우리 몸에 대한 교육이 대단히 중요한 위치에 있었다는 것을 알 수 있다.[7]

교육하는 방식에 '체득형'(물들게 하는 것)이라는 방법이 있다. '체득형' 교육은 먼저 가르치는 자가 시범을 보이고 학습자에게 그대로 따라하게 한다. 여기에서 이론이나 언어의 전달은 그리 중요하지 않다. 권위로 지식을 전수하는 것이 아니라 학습자가 보고 배우며 익히는 방법이다. 이러한 체득형은 '모방 및 환경'이 갖는 교육 작용에 크게 의존한다. 좋은 환경과 좋은 모델이 있으면 자연스럽게 배울 수 있다는 원리가 작용하는 것이다. 체득형에서는

---

7   이기원, 〈소학을 통한 주체의 형성 - 도덕의 신체화〉, 《한국동양정치사상사연구》 제16권 1호, 한국동양정치사상사학회, 2017, 참조.

'모방과 습숙'이 교육의 중요한 원리가 된다.[8] 체득형 교육은 '신체로 기억하는 학습'이 주를 이룬다는 점에서 '신체를 위주로 한 교육', 즉 '신체지'의 체득이라 할 수 있다. 주희 역시 '신체지'의 중요성에 대해 언급했다.

요새 친구들과 강론하면서 근세 학자들의 병통에 대해 깊이 궁구해 보니 결국 지경持敬 공부가 결핍되어 일마다 체계가 없이 이리저리 흩어져 버렸음을 알게 되었다. 경에 대해서 말하는 사람들은 다만 능히 이 마음을 유지하면 저절로 이치에 맞을 수 있다고 말할 뿐이다. 그러나 용모나 말투에 이르러서는 왕왕 전혀 공을 들이지 않으니 설령 참으로 이렇게 유지할 수 있다 할지라도 석씨나 노자와 무엇이 다르겠는가?[9]

주희는 '경敬'을 마음의 문제로만 생각하여 마음의 단속, 성찰만 하면 '경'한 상태를 유지할 수 있다고 보는 것의 문제점을 지적한다. 마음 중심적 사고는 '병통'이 될 수 있다. '경'에 의한 성찰이 제대로 이루어지기 위해서는 신체를 무시할 수 없다는 것이다. 마음 그 자체에만 집중하는 것은 불교나 노자와 다를 바 없다는 비판이다.

8 　東洋,《日本人のしつけと教育—発達の日米比較に基づいて》, 東京大学出版会, 1994, 참조.
9 　주자대전번역연구단,《朱子大全》9, 한국학술정보(주), 2010, 355쪽.

## 자율주체와 신체

맹자에 따르면 '번아웃'에 의한 '자기착취' 혹은 '자기상실'은 '자율주체'를 상실한 데서 오는 병리적 현상이라 할 수 있다. 맹자는 '자율주체'가 상실된 상태를 다음과 같이 설명한다.

> 우산牛山의 나무는 일찍이 아름다웠다. 그런데 대국의 교외에 있어서 사람들이 도끼로 날마다 베어 가니 어떻게 아름답게 자랄 수 있겠는가? 밤낮으로 조금씩 자라나고 비와 이슬이 적셔 주어 싹이 나오지 않는 것은 아니지만 이번에는 또한 소와 양이 따라서 그곳에 방목되니 이 때문에 저렇게 민둥산이 되고 말았다. 사람이 그 민둥산을 보고 일찍이 훌륭한 나무가 있었던 적이 없었다고 하는데, 이것이 어찌 산의 본성이겠는가?[10]

본래 있어야 할 본성의 상실은 '자율주체'의 상실이다. 자신을 잃어버렸다는 것은 민둥산이 되어 버린 '우산'과 같다. 이러한 '자율주체' 상실의 원인은 '새벽의 맑은 기'인 '평단지기平旦之氣'를 존양하지 못하는 데 기인한다.

> 일야에 자라나는 바와 평단의 맑은 기운에 그 좋아하고 미워

---

10    《맹자》, 〈고자상〉.

함이 남들과 서로 가까운 것이 얼마 되지 않는데 낮에 하는 소행이 이것을 곡망한다. 곡망하기를 반복하면 야기夜氣가 족히 보존될 수 없고 야기가 보존될 수 없으면 금수와 거리가 멀지 않게 된다.[11]

'평단지기'는 사물과 접하지 않았을 때의 청명한 기운, 즉 '야기'이다. 새벽의 기는 매우 맑다. 이 '평단지기'를 보존하지 못하기에 자율주체가 상실되고 만다. 맹자는 대체大體와 소체小體를 구분하여 '자율주체'가 되기 위해서는 '대체'를 따를 것을 주문한다. '대체'를 기르기 위해서는 자신의 신체를 살펴봐야 한다.

사람은 자기 몸에 대해 사랑하는 바를 겸한다. 사랑하는 바를 겸하면 기르는 바를 겸한다. … 그러므로 잘 기르고 못 기르는 것을 살피는 것이 어찌 다른 것이 있겠는가? 자신에게서 취할 뿐이다. … 작은 것을 기르는 자는 소인이 되고 큰 것을 기르는 자는 대인이 된다.[12]

맹자가 말하는 것처럼 자신의 신체를 사랑하지 않는 사람은 아무도 없다. '자율주체'를 회복하기 위해서는 결국 신체를 어떻게

---

11 《맹자》, 〈고자상〉.
12 《맹자》, 〈고자상〉.

잘 기를 것인가가 관건이 된다. 신체를 기르는 방법은 자신에게 있다. 나의 신체가 무엇을 욕구하는지 그것을 세밀하게 살펴볼 필요가 있다.

예를 들어, 무엇을 먹을 때 기분이 좋아지는지, 무엇을 볼 때 기분이 평안해지는지, 좋지 않은 것을 경험할 때 나의 감정은 어떻게 변하는지, 어떠한 지점에서 화를 내고 분노하는지 등, 자신의 신체적 반응을 세밀하게 살펴보는 것이다. 나아가 나는 무엇으로 고통받고 있으며 그 고통으로 삶의 욕구와 주체성은 어떻게 변해가는지 등을 면밀하게 살펴본다. 중요한 것은 자신의 문제를 자신과 일체화시키지 말고 생각하는 것이다. 문제를 테이블 위에 올려놓고 그 고통의 실체와 패턴, 의미를 생각하는 것이다.[13] 자신의 문제를 객관적으로 바라보는 태도가 중요하다. 인간으로 성장해 간다는 것은 자신의 정체성을 분명하게 만들어 간다는 것과 같다.

자신의 정체성 탐구는 '나다움'을 탐구하는 것이다. 덧붙인다면 '나다움'의 발견을 위해서는 자신의 '내러티브narrative'를 탐구할 필요도 있다. '내러티브'는 내가 살아오면서 온몸으로 경험한 삶의 총체이다. 나의 삶 그 자체가 나의 '내러티브'이다. 경험하면서 그때 어떠한 생각을 했으며 그 경험이 나에게 어떠한 의미였는지를 탐구하는 것이다. 이러한 '내러티브' 탐구를 통해 알지 못했던 '자

---

13  무카이야치 이쿠요시, 《베델의집 렛츠! 당사자 연구》, 이진의 옮김, 커뮤니티, 2016, 22~23쪽.

신'에 대해 새롭게 알 수 있게 된다.

## 심질의 극복을 위한 신체

공자는 우리 마음에 대해 "붙잡으면 존재하고 놓으면 없어진다. 들고 남에 정해진 때가 없으며 그 방향을 알 수 없는 것은 오직 사람의 마음을 두고 한 것"[14]이라 했다. 마음은 움직이는 것(動物), 따라서 마음대로 통제하기 어려운 대상이다. 이어 공자는 "나이 칠십이 되어 마음이 원하는 대로 해도 법도를 어기지 않았다"[15]고 했다. 이것은 마음의 통제, 즉 수양이 된 후에는 마음이 가는 대로 두어도 인간으로서 지켜야 할 윤리나 질서에 어긋나지 않게 되었다는 의미이다. 여기에는 마음이 하고자 하는 대로 마음을 방치한 것이 아니라 마음에 적극적으로 관여해야 한다는 자세가 드러나 있다. 마음을 붙잡는 방법인 조존操存이 곧 마음의 일정한 틀을 만드는 방법이 된다는 것으로 이해할 수 있다. 그런데 마음의 틀 형성에만 집중하는 것이 문제를 만들어 낸다는 지적이 있다.

선배들이 심학을 강학하던 초기에 대부분이 심질을 얻었다고

---

14  《맹자》, 〈고자상〉.
15  《논어》, 〈위정편〉.

하니 … 행사가 없이 뜻에서 성실함을 구하고 사물이 없이 마음에서 올바름을 구한다면 그들에게 심질이 생기는 것은 말할 필요도 없다.[16]

조선 실학의 집대성으로 평가받는 정약용丁若鏞(1762~1836)은 '마음에서 사물의 올바름을 구하는' '심법적 방법'에만 몰두하면 '심질'에 걸린다고 했다. '심질'은 정신질환 같은 병이다. 정약용은 '행사行事', 즉 실천이 동반되지 않는 수양의 무용성을 말하며 마음 밖에서 마음의 문제를 볼 필요성을 제기한다. 정약용은 계속해서 "단지 마음만을 취해서 바름을 구한다면 이는 드넓고 황홀하여 걷잡을 수 없게 될 것이며 좌선의 병폐로 돌아가지 않을 사람이 적을 것이다"[17]고도 했다. 정약용은 마음을 다스리는 치심治心을 사물을 접할 때 사물과의 관계 안에서 마음의 올바른 상태를 추구하는 것으로 이해한다. 그것이 마음을 바르게 하는 '정심正心'이다. '정심'은 가만히 앉아 마음을 고요히 하는 것으로 얻어지는 것이 아니며, 마음 그 자체만의 수신은 '병폐'를 만들어 낸다는 것이다. 그것이 심질을 발생시킨다. 정약용은 불교의 선禪처럼 벽을 마주보고 앉아 마음을 들여다보면서 마음에 티끌 하나 없는 상태로 마음을 비우는 것을 '정심'이라고 생각하지 않았다. 마음의 수신은 신

16  丁若鏞,《大學公議》卷1.
17  丁若鏞,《大學公議》卷1.

'피로'시대의 돌봄과 주체적 신체성 |

체에 의한 실천 행위가 동반되어야 한다. 이것이 정약용이 강조하는 '행사적 수양론'이다.

'마음의 틀'을 만들기 위해서는 '신체의 틀' 만들기가 중요해진다. 주희는《소학》을 중시한 이유에 대해 다음과 같은 견해를 피력한 바 있다.

반드시 어릴 때에 강습하게 하는 것은 그 배움이 지혜와 함께 자라며 변화가 마음과 함께 이루어져 막히고 이기지 못하는 근심을 없게 하고자 함이다.[18]

어린 시절부터 신체의 좋은 상을 형성한다면 올바른 판단을 할 수 있게 된다는 것이다. 여기서 '신체의 기법이 마음을 형성한다'는 것을 볼 수 있다. 어떠한 신체를 형성할 것인가에 따라 그 사람의 마음의 자세나 마음의 틀이 달라질 수 있다는 점이다. 이와 관련하여 주희는 1175년 여름, 육상산과 '아호지회鵝湖之會'라 불리는 토론회를 가진 적이 있었다. 이 토론회에서 육상산은 마음을 밝히고 난 뒤에 서책을 읽어 만물에 통할 것을 주장했다. 이에 반해 주희는 폭넓은 독서를 통해 사물의 이치에 관통할 것을 주장했다. 주희는 육상산의 마음 우선주의를 지리멸렬하다고 비판하면서 독

---

18 《소학》〈小學原序〉, 상해고적출판사, 한미서적, 2004, 393쪽.

서를 매개로 한 '경험지'의 중요성을 강조했다.[19] '독서'는 책상에 가만히 앉아 이성으로 사고하고 판단하는 묵독默讀이 아니다. 온몸을 좌우로 흔들며 소리를 내어 읽는 행위를 통해 신체로 익히는 성독聲讀적 독서이다. '성독'은 성현의 말을 신체화하는 것이다. 이 논쟁은 육상산의 '마음 중시적 사고'와 주희의 '독서를 통한 경험 중시적 사고'의 충돌이다. 주희에 의하면 지식 및 수양의 핵심적 방법이 되는 격물치지는 실제적 체험과 경험에서 출발한다. 이러한 점에서 '경험지'는 '신체지'와 관련된다.

신체적 경험은 '인'에 대한 공자의 설명에서도 생각해 볼 수 있다. '인'에 대한 공자의 인식을 잘 엿볼 수 있는 것으로 《논어》〈술이편〉의 "인은 멀지 않다. 인은 하고자 하면 인은 이르는 것"[20]이라는 구가 있다. 여기에는 '인'의 관념성보다는 '인'의 경험성, 다시 말하면 실천에 의한 '인'이 제시되어 있다. '인'에 대한 추상적 성격을 배제하고 구체적으로 인을 보여 주려는 공자의 의도를 엿볼 수 있는 부분이다.

유자가 말하길 그 사람됨이 부모에게 효도하고 연장자를 공경하면서 오히려 윗사람 범하기를 좋아하는 자는 매우 드물다. 윗사람 범하기를 좋아하지 않으면서 난을 일으키기를 좋아하는

---

19  이기원, 〈소학을 통한 주체의 형성 – 도덕의 신체화〉, 32~34쪽.
20  《논어》, 〈술이편〉.

'피로'시대의 돌봄과 주체적 신체성 |

자는 있지 않다. 군자는 근본에 힘쓰니 근본이 확립되면 도가 발생하는 것이다. 효와 제는 그 인을 행하는 근본이다.[21]

이 부분에 대해 주희는 "인을 행하는 것이 효제로부터 시작됨을 말한 것"[22]이라 주해했다. '인'이 무엇인지는 모르지만 효제의 실천이 곧 '인'을 이루는 방법이 된다. 여기서 중요한 것은 '인'을 행하는 방법이 마음속에서 이루어지는 깊이 있는 사려, 즉 사변적인 것은 아니라는 점이다. 여기에 나타나 있는 것처럼 효제의 실천이 곧 '인'의 실천이 된다. 공자는 어떠한 상태가 '인'이 될 수 있는지 아닌지, '인'한 사람은 어떠하다는 방식으로 '인'을 말하고 있을 뿐이다.[23]

번지가 인에 대해 묻자 공자는 남을 사랑하는 것이라 했다.[24]

사랑하는 원리가 '인'이 아니라 남을 사랑하는 것 그 자체가 '인'이다. 타인과의 관계에 인이 놓여 있는 것이다. 이와 관련하여 정약용은 '인'을 다음과 같이 주해한다.

생각해 보면 인은 사람이다. 두 사람이 인을 이룬다. 부자는

---

21 《논어》,〈학이편〉.
22 《논어집주》,〈학이편〉.
23 채인후,《공자의 철학》, 예문서원, 2000, 106쪽.
24 《논어》,〈안연편〉.

그 분한을 다하면 인이다. 군신이 그 분한을 다하면 인이다. 군
과 신하는 두 사람이다. 부부가 그 분한을 다하면 인이다. 남편
과 부인은 두 사람이다. 인이라는 이름은 반드시 두 사람 사이
에서 생겨난다. 단 한 사람이라면 인이라는 이름은 설 수 없다.[25]

여기에서 보듯이 '인'은 두 사람 사이에서 '실천'될 때 가능해진
다. 상호 간 자신의 '분한'을 다하는 것이 '인'이 되는 것이다. 여기
에는 '인'의 관념적인 성격은 배제되어 있으며 '인'의 실천적 성격
이 주가 되고 있다. 이처럼 '인'이 사변적이고 관념적인 것보다는
직접적인 신체의 실천 행위와 관련되어 있다.


## 신체적 수양과 지속성

공자는 안연에 대해 석 달 동안 '인'을 어기지 않았다고 평했다. 하
지만 안연에 대한 공자의 기술은 안연의 마음이 '인'으로 가득 찼
다는 것이 아니라 마음 밖에, 즉 신체의 행위가 '인'에 맞았다는 것
이며 그것을 석 달 동안이나 유지했다는 것으로 이해된다. '인'한
상태를 석 달 동안이나 유지하기 위해서는 외물의 유혹에서 자기
를 지키지 않으면 안 되며, 철저하게 자기의 욕구를 통제해야만

--------

25  丁若鏞,《論語古今注》,〈顏淵〉.

가능하다. 마음으로 무엇을 관조하는 것에서 그치는 것이 아니라 적극적인 '신체 활동'을 하도록 하는 것에 중점을 두는 것이다. 신체의 적극적 실천 행위를 통한 '인'의 실현과 '인'한 신체의 형성으로 상실된 '자율주체'를 새롭게 인식하게 된다.

그렇다면 '인'한 신체가 형성된다는 것은 어떠한 의미일까? 여기서 다시 공자의 "나이 칠십이 되어 마음이 원하는 대로 해도 법도를 어기지 않았다", 또는 "안연은 마음이 석 달 동안 인을 어기지 않았다"는 것을 상기해 보자. '인한 신체'는 내가 어떠한 행동을 해도 그것이 자신뿐만이 아니라 자타 관계를 해치지 않는 공공적 신체가 된다는 것을 의미한다.

이러한 '인한 신체'는 측은지심에 바탕을 두고 있기 때문에 타자에 대한 공감도를 높여 준다. '번아웃'에서 나타나는 무기력이나 자기혐오, 또는 분노, 의욕 상실, 성과에 대한 집착, 냉소적인 태도 등을 극복하기 위해서는 이러한 공감적 신체의 지속성이 필요하다.

자율주체적 신체 형성을 위해서는 타자, 세계와 더불어 한데 어우러질 수 있는 자세가 필요해진다. '돌봄'은 자신과 타자, 세계 안에서 이루어지기 때문이다. 이를 위해서는 먼저 '계신공구적 신체'를 생각해 볼 필요가 있다.


도라는 것은 잠시라도 떠날 수 없는 것이다. 떠날 수 있다면 도가 아니다. 그러므로 군자는 그 보지 않는 바에도 계신하고 그 듣지 않는 바에도 공구하는 것이다. 은미한 것보다 드러남이

없고 미세한 것보다 나타남이 없으니 그러므로 군자는 그 홀로를 삼가는 것이다.[26]

혼자 있는 상태에도 함부로 하지 않고 조심스럽게 자신을 살피면서 처하는 것이다. '보지 않는 바에서도 계신'하고 '듣지 않는 바에서도 공구'하는 신체를 형성한다. '계신공구적 신체'는 홀로 있을 때에도 삼가 조심하는 '신독'적 태도를 통해 형성된다. '신독'은 자신만이 아는 심적, 물리적 공간이다. 어느 곳에 처하더라도 방종하지 않고 두려워하듯이 삼가 조심하는 습관이 형성될 때 중절中節한 신체, 즉 타자·세계와 조화(和)로운 신체를 형성할 수 있다. 상호성이 없으면 타자, 세계와의 조화와 공존이 불가능하기 때문이다. 이러한 점에서 자기중심적 신체와 함께 대타적 신체의 형성도 요구된다.

만물이 함께 길러지지만 서로 해치지 않으며 도가 함께 행하여 서로 위배되지 않는다. 작은 덕은 냇물의 흐름이며 큰 덕은 변화를 돈독히 하니 이는 천지가 위대함이 되는 것이다.[27]

세계에는 다양한 사람, 다양한 문화가 공존하고 있다. 다양성의

26 《중용》1장.
27 《중용》30장.

공존이 세계를 이루며 사는 것이다. 여기에서 보이는 '만물이 함께 길러지지만 서로 해치지 않는다'는 '만물병육불상해'의 원리는 사람, 문화, 세계의 공존의 중요성을 말하고 있다. '도가 함께 행하여도 서로 위배되지 않게' 하는 것이 살아가는 길이 된다. 대덕大德과 소덕小德이 서로 경쟁하는 것이 아니라 보완적 위치에 있다. 이와 관련하여 《중용中庸》은 《시경詩經》을 인용하여 "《시경》에서 말하길 의금상경衣錦尚絅이라고 했는데 그 문체가 너무 드러남을 싫어해서이다. 그러므로 군자의 도는 은은하되 날로 드러나고 소인의 도는 선명하게 날로 없어진다"[28]고 했다. '의금상경'은 '비단옷을 입고 그 위에 홑옷을 덧입는' 태도이다. 비단옷을 입을 만큼 풍족한 상황에 있다고 해도 주위의 시선이나 상황, 환경 등을 고려하여 홑옷으로 화려한 비단옷을 가린다는 것이다. 비단옷을 입지 말라는 것이 아니다. 주위 상황을 충분히 고려하라는 것이다. 조화와 공존을 위해서는 자신을 드러내는 것에도 신중할 필요가 있다는 뜻이다.


## '불안'을 넘어 '편안'한 신체로

신체적 돌봄은 신체가 편안(安)한 상태가 되도록 하는 것이다. 편

---

28 《중용》 33장.

안하지 못하면 '불안不安'해진다. '불안'은 불편不便한 것이다. 편안한 신체를 유지할 수 있으면 맹자가 말하는 것처럼 어느 것에도 흔들리지 않는 '부동심不動心'의 태도가 가능해진다.

전술한 것처럼 만성피로에 시달리는 사람은 '단기 기억장애, 집중력 손상, 인후통, 근육통, 지속적인 피로, 무력감을 호소한다. 신체 어딘가가 불편하여 피로가 쌓이게 된다.

그게 체력적이고, 정신적으로도 힘든 거 같아요. 안 하면 되는데 제가 포기를 못 하니까 … 그냥 둘 중에 이걸 놓고 내 일만 하면 되는데 그걸 자꾸 제가 아는 데도 포기를 못 하니까 거기에 오는 정신적 스트레스가 있잖아요. 둘 다 잘하고 싶은 욕구가 너무 강하게 드니까 … 나중엔 둘 다 안 된다고 하시더라구요. 그러니까 몸도 지치고, 그게 또 반복적으로 되니까 차라리 주말에 하고 그냥 아이들을 평일에 보면 또 주말에 제 시간이 오로지 없잖아요. 그런 게 좀 많이 힘들었어요. _ D교사 인터뷰[29]

위 인용문은 보육교사들에게서 나타나는 체력적 · 정신적 '피로'에 대해 인터뷰한 내용이다. 여기서 알 수 있듯, 보육교사들은 '이걸 놓고 내 일만 하면 되는데' 그것을 '포기 못하는' 현실에 처

---

29  김선희 · 손준희 · 이희영, 〈'피로사회' 속 보육교사의 목소리 내기〉, 《인문사회과학연구》 20권 3호, 2019, 443쪽에서 재인용.

해 있다. 이러한 현실은 일종의 '사명감'에 의한 '과잉활동'으로 이어지고, 결국 자신을 극한적 피로 상태로 내몬다. 물론 여기에는 학부모들의 기대감이 강하게 작용하고 있다는 것도 배제할 수 없다. 따라서 현재 상황에서 정신적 이완을 해 줄 수 있는 돌봄의 형태를 찾아보는 것이 피로 회복에서 중요해진다.

신체의 편안함을 유지하기 위한 방안으로 '즐김'의 신체관을 생각해 보자. 《논어》에는 다양한 형태의 '신체적 즐김'을 제기하고 있다. 공자는 "거친 밥을 먹고 물을 마시며 팔을 굽혀 베개를 삼아 잔다고 해도 즐거움은 또한 그 가운데 있다"[30]고 했다. 내가 '거친 밥을 먹고 물을 마시는' 극한적인 상황에 내몰린 그 안에도 즐거움은 있다는 것이다. 지금의 상황을 어떻게 볼 것인가, 즉 어떠한 태도로 임하는가의 문제이다. 다시 말하면 관점을 바꾸면 지금의 곤란한 상황 속에도 즐거움은 있기 마련이다.

공자가 말했다. 어질다, 안회여! 한 그릇의 밥과 한 표주박의 음료로 누추한 시골에 있는 것을 다른 사람들은 그 근심을 견디지 못하는데 안회는 그 즐거움을 변치 않으니, 어질다, 안회여![31]

안연(안회)은 단표누항單瓢陋巷의 극한 상황에서도 즐거움을 변

30 《논어》, 〈술이편〉.
31 《논어》, 〈옹야편〉.

치 않았다. 공자가 안연의 죽음에 통곡할 정도로 안연은 두터운 신망을 얻고 있었다. 공자는 안연이 3개월 동안 '인'한 상태에서 떠나지 않았다고 기억한다. 안연이 극한의 상황에도 즐길 수 있었던 것은 극한 상황이 주는 고통보다 더 큰 즐거움이 있었기 때문이다. 따라서 현재 나의 고통을 반전시킬 수 있는 즐거움을 찾아보는 것이 필요하다.

안연은 노여움을 옮기지 않고 같은 잘못을 되풀이해서 저지르지 않았으나 안타깝게도 단명했다. 안연은 32세의 젊은 나이에 공자보다 일찍 세상을 떠났는데, 공자는 자기 아들의 죽음보다 안연의 죽음을 더 슬퍼하여 후한 장례를 치렀으며, 또한 안연의 죽음을 하늘이 자기를 망친다고 탄식하며 대성통곡했다.

《사기史記》는 안연에 대해 평하기를, 안연은 평생 가난해서 술지게미와 쌀겨조차 배부르게 먹지 못하고 끝내 젊은 나이에 죽고 말았다고 했다. 안연은 30여 년을 살면서 가난에서 벗어나지 못하고 죽음을 맞이했지만 언제나 즐거운 시간을 살았다. 안연은 석 달 동안이나 인한 마음을 어기지 않았으나 다른 제자들은 단 하루도 어려웠다.

그러면 안연이 노여움, 즉 '분노를 옮기기 않았다'(不遷怒)는 것은 어떤 의미인가? 분노(怒)에는 세상이나 자신을 둘러싼 환경에 대한 불만, 불의한 것을 목격했거나 당했을 때, 억울한 일 등을 당했을 때 마음속에서 끓어오르는 화가 있는가 하면 존재의 심연에서 끓어오르는, 예를 들면 자기 존재의 상실에 대한 분노도 있다. 자기가 누구인지 모를 때 오는 실망감 같은 것에서도 분노는 표출된다. 자기와 타자, 그리고 환경을 둘러싸고 생겨나는 비정상적인 감정의 발산이 분노이다. 안연은 이러한 분노를 타자에게 전가시키지 않았다. 그렇다고 안연이 분노하는 감정을 애써 억누르고 억압했던 것도 아니다. 억누르고 억압했다면 정신적으로 상당한 고통에 시달렸을 것이다.

안연이 크게 탄식하며 말했다. 공자의 도는 우러러볼수록 더욱 높고 뚫을수록 더욱 견고하며 바라봄에 앞에 있더니 홀연히 뒤에 있도다. 공자께서 차근차근히 사람을 잘 이끌어 문으로 나의 지식을 넓혀 주고 예로 나의 행동을 요약해 주셨다. 그만두고자 해도 그만둘 수 없어 이미 나의 재주를 다했으니 공자의 도가 내 앞에 우뚝 서 있는 듯하다. 그리하여 그를 따르고자 하나 어디로부터 시작해야 할지 모르겠다.[32]

여기서 보면, 안연에게 자신을 둘러싼 환경은 큰 문제가 되지 않았다. 자기 앞을 가로막고 있는 거대한 세계와 존재에 대한 이치에 도달하지 못하는 데서 오는 심적 공허함이 묻어나 있다. 그러한 공허함에서 분노가 일어날 수 있으나 안연은 분노하지 않았다. 오히려 그것을 학문의 길이라 여기고 즐거워했다. 이러한 안연

................................

[32] 《논어》, 〈자한편〉.

의 처세에 대해 북송의 주돈이周敦頤(1017~1073)는 공자와 안연이 즐거워한 것이 무엇인지를 찾는 것이 학문함의 가장 기초가 된다는 점을 강조하면서 다음과 같이 말한다.

> 부귀는 사람들이 좋아하는 것이다. 그런데 안연은 부귀를 좋아하지도 않았고 얻으려 하지도 않았으며, 오히려 가난한 데도 즐거워했으니 도대체 어떤 마음이었을까? 천지간에 지극히 존귀하고 지극히 부유하며 좋아할 만하고 추구할 만한 것으로서 저것과는 다른 것이 없다. 그 중대한 것을 알았기에 그 작은 것을 잊었을 뿐이다. 그 중대한 것을 알면 마음이 편해지고, 마음이 편안하면 부족함이 없다. 부족한 것이 없게 되면 부귀나 빈천에 처함에 한결같아진다.[33]

주돈이의 '안연평'에서 무엇을 추구하며 살아야 하는가에 대한 송명 유학자들의 세계관을 볼 수 있다. 부귀를 초탈할 수 있는 정신적 경지에 오른 안연, 성인은 배워서 이를 수 있다는 것은 이러한 안연의 즐거움과 관련이 있다. 1056년 호안정胡安定(993~1059)이 태학의 학생들에게 제출한 시험 문제는 공자의 '안연론'이었다. 이 시험에서 정이천이 작성한 "안연이 좋아한 학문은 무엇이었는가를 논함"(顏子所好何學論)은 유명하다. 이 답안지에서 정이천은 성인

---

33  周敦頤,《周敦頤集》,《通書》,〈顏子第二十三〉.

은 배워서 이를 수 있다는 논리를 펴는데 안연이 그 모범이다.[34]


## 삶의 지향과 즐김의 신체

안연이 지속적으로 자신을 유지할 수 있었던 것은 단표누항적 삶이라도 그 안에서 의미를 찾았기 때문이다. 무엇을 지향할 것인가가 관건인 것이다.

> 공자가 말하길 도에 뜻을 두며 덕을 굳게 지키고 인에 의지하며 예에서 노닐어야 한다.[35]

우리 마음은 올바른 길을 지향해야 하며 도를 행하여 잘 지키며 인한 마음을 소유하고 예술을 즐긴다(遊於藝). 여기에는 형식과 정신의 적절한 조화가 들어 있다. 여기서 말하는 예藝는 시나 예악으로 대표되지만 다양한 재능이나 예능이 모두 포함된다. '유어예'에서 '유遊'는 '즐김'(樂)의 의미인데, "아는 자는 좋아하는 자만 못하고 좋아하는 자는 즐기는 자만 못하다"[36]고 하여 감성에 만족함을

34 김상래, 〈정이(程頤) 성인론(聖人論)의 특징에 관한 고찰〉, 《한국철학논집》 제56집, 한국 철학사연구회, 2018, 157~158쪽.
35 《논어》, 〈술이편〉.
36 《논어》, 〈옹야편〉.

주는 것이 바로 '유'이다. 하지만 감성에만 한정된 것은 아니다. 인한 마음이 바탕에 있어야 하는 것처럼 본성과 감성의 적절한 조화, 즉 성정합일이 필요하다.

'즐김의 돌봄'은 무엇을 배우거나 대화하는 가운데에서도 찾을 수 있다. 공자는 "배우고 때때로 그것을 익히면 또한 기쁘지 않은가? 벗이 먼 곳에서 찾아오면 또한 즐겁지 않은가?"[37]라고 하여 배우는 것의 즐거움과 대화하는 즐거움을 제시한다. 내가 즐길 수 있는 것을 찾아 배우는 것과 좋은 벗들과 대화하는 그 시간을 즐기는 것도 돌봄의 한 방법이라고 공자는 말한다.

공자는 제자들에게 세상 사람들이 자신들을 알아준다면 무엇을 하고 싶은지 질문한다. 이에 대해 증석은 다음과 같이 대답한다.

늦은 봄에 봄옷이 이미 이루어지면 관을 쓴 어른 5~6명과 동자 6~7명과 함께 기수에서 목욕하고 무우에서 바람 쐬고 노래하면서 돌아오겠습니다. 공자께서 아! 하고 감탄하시며 나는 증참을 허락한다고 했다.[38]

여기서 증석(증참)이 말하는 즐거움은 일상생활 속에서 즐기는 즐거움이다. 자신을 위한 시간을 할애하여 즐기는 것이다. 일상 속

---

37 《논어》, 〈학이편〉.
38 《논어》, 〈선진편〉.

'피로'시대의 돌봄과 주체적 신체성 |

에서도 즐길 수 있는 방법을 찾는 것이다. 일상에서 즐길 줄 아는 것도 자신을 돌보는 중요한 방법이다.

> 그때 7년차 하고 나서는 그때 그런 마음이 들었어요. 정말 못하겠다. 몸이 너무 힘들다. … 지금 아니면 못 쉴 것 같아서 한번 쉬어 보자 해서 쉰 거거든요. 그때 일이 너무 힘들어서. … 그때도 선생님들 사이에서는 괜찮았는데, 일이 너무 많았고 같은 일을 계속 하다 보니까, 아! 이렇게 해서는 매년 내가 똑같을 거 같아서, 아닌 것 같아서 그래서 쉬었거든요. 머리도 좀 아팠고 쉬어야 되겠다 싶어서. _E교사 인터뷰[39]

쉼에 의한 자기돌봄이 필요한 이유가 있다. 시기를 정하여 휴식을 취하는 경우도 있지만, 그렇게 할 수 없다면 일상에서 쉴 수 있는 시간을 마련하는 것이 필요하다. 증석은 자신을 위한 시간을 마련하여 즐기고자 했으며, 공자는 그러한 증석의 태도를 좋다고 받아들였다. 이러한 점은 맹자도 지적한 바이다.

> 맹자가 말했다. "생선 요리도 내가 먹고 싶은 것이고 곰 발바닥 요리도 내가 먹고 싶은 것이지만 두 가지를 모두 먹을 수 없다면

---

[39] 김선희 · 손준희 · 이희영, 〈'피로사회'속 보육교사의 목소리 내기〉, 447쪽에서 재인용.

나는 생선 요리를 버리고 곰 발바닥 요리를 택할 것이다."[40]

맹자는 자신이 가장 하고 싶은 것을 하는 것이 최대의 즐거움이라고 말한다. '생선 요리나 곰 발바닥 요리'를 다 먹고 싶지만 두 가지를 다 먹을 수 없다면 '곰 발바닥 요리'를 먹겠다는 맹자의 언설은 우리가 무엇을 선택했을 때 가장 행복한지를 말해 준다. 최선의 선택이 나를 편안하게 해 준다는 점이다.

공자가 말했다. 유익한 즐거움이 세 가지가 있고 손해가 되는 즐거움이 세 가지가 있다. 예악의 절도를 따르는 것을 즐거워하고, 남의 좋은 점을 말하기를 즐거워하며, 현명한 벗을 많이 사귀는 것을 즐거워하면 유익하다. 주위를 아랑곳하지 않고 방자하게 행동하는 것을 즐거워하고, 빈둥거리며 방탕하게 놀아대는 것을 즐거워하며, 행락에 빠지는 것을 즐거워하는 것은 손해이다.[41]

공자는 '유익한 즐거움'과 '손해가 되는 즐거움'을 대비하여 설명한다. '유익한 즐거움'은 '예악의 절도를 따르고 즐기는 것', '타인의 장점을 말하고 즐기는 것', '현명한 벗을 사귀고 즐기는 것'이

---

[40] 《맹자》, 〈고자상〉.
[41] 《논어》, 〈계씨편〉.

'피로'시대의 돌봄과 주체적 신체성 |

며 '손해가 되는 즐거움'은 '방자하게 행동하는 것', '빈둥거리며 방탕하게 노는 것', '향락에 빠지는 것'이다. 모든 즐김이 다 좋은 것은 아니다. 이처럼 어떠한 것을 즐길 것인가의 문제는, 곧 어떠한 것으로 나를 돌볼 것인가의 문제이다. 여기서 나를 돌본다는 것은 곧 나를 어떻게 보존할 것인가의 문제이기도 하다.

개인적인 차원에서의 '즐김'이 있다면 타자와 함께하는 '즐김'도 있다. 맹자는 이것을 '여민동락與民同樂'으로 설명한다. '여민동락'은 타자와 함께하는 '즐김'이다. 맹자는 '여민동락'을 이렇게 설명한다. 지금 왕이 이곳에서 음악을 연주한다면 백성들이 왕의 종소리와 북소리, 피리 소리, 젓대 소리를 듣고 모두 기뻐하여 말하길 우리 왕이 혹시 병이 없을까 하고 걱정한다. 백성들이 왕을 걱정하는 이유는 왕이 백성들과 함께 즐겼기 때문이다.[42] 여기에는 '즐김'의 타자적 시점이 있다. 혼자의 즐김을 넘어 누군가와 함께 즐기는 것이 가져다주는 행복이 있음을 맹자는 시사하고 있다.

위축되고 굳어진 신체는 신체적 즐김을 통해 회복될 수 있다. 회복된 신체가 지속성을 갖기 위해서는 자신에 대한 지나친 과신과 집착을 함께 내려놓을 필요가 있다. 극한적 피로 상태까지 내몰리게 되는 원인으로 자신에 대한 지나친 과신, 즉 자신의 능력에 대한 과신이 있다. 무엇이든 해낼 수 있다는 판단이 자신을 더욱 지치게 만든다. 눈앞에 보이는 일을 '포기하지 못하게 만드는'

---

[42] 《맹자》, 〈양혜왕하〉.

것도 충분히 해낼 수 있다는 생각이 작용하기 때문이다.


## 내려놓기와 에너지의 응축

노자는 "세상 사람들이 모두 아름답게 보이는 것을 아름다운 것이라 여기고 있지만 그것은 추한 것일 수 있으며, 모두가 선하게 보이는 것을 선한 것이라 여기지만 그것은 선하지 않을 수도 있다"[43]고 했다. 세상 사람들의 판단을 그대로 따라가는 것이 아니라 자신만의 판단으로 다시 생각해 보라는 것이다. 물론 자신의 판단이 옳다고 해도 그것을 고집할 필요는 없다. 노자는 "최상의 선함은 물과 같다. 물의 선함은 만물을 이롭게 하지만 다투지 않는다"[44]고 하여 상선약수上善若水적 삶을 제시한다. 물은 자신의 힘으로 흘러 간다. 그 힘이 바위를 넘어가지만 힘이 약하면 비켜 간다. 흘러가다 웅덩이를 만나면 웅덩이를 채우고 웅덩이가 다 차면 다시 흘러 갈 뿐이다. 흐름에 맡기는 것이 더 좋을 수 있다. 노자는 말한다. 욕심 될 만한 것들이 보이지 않으면 사람들의 마음이 어지럽게 되지 않는다.[45]

[43] 노자, 《도덕경》 2장.
[44] 노자, 《도덕경》 8장.
[45] 노자, 《도덕경》 3장.

'피로'시대의 돌봄과 주체적 신체성 |

가장 완전한 것은 마치 덜 된 것 같다. 그러나 아무리 써도 부서지거나 닳지가 않는다. 가장 알찬 것은 마치 빈 것 같다. 그러나 아무리 써도 끝이 없다.[46]

노자는 여기서 가장 완전한 것, 즉 '대성大成'은 어딘가 비어 있는 듯하고 모자란 듯한 것이라 말한다. 비어 있어야 계속 채울 수 있다. 빈 곳을 무엇으로 채울 것인가가 관건이 된다.

장자가 산속을 거닐다가 가지와 잎사귀가 무성한 큰 나무를 보았는데 벌목하는 사람들이 그 옆에 머물러 있으면서도 그 나무를 베지 않았다. 그 까닭을 물었더니 쓸 만한 것이 없다고 하였다. 장자가 말했다. 이 나무는 쓸모가 없기 때문에 천수를 다할 수 있구나! 장자가 산에서 나와 옛 친구의 집에서 묵게 되었다. 친구가 기뻐하여 어린 종에게 거위를 잡아서 요리하라고 시켰더니 어린 종이 여쭙기를 한 마리는 잘 우는데 한 마리는 울지 못합니다. 어느 것을 잡을까요? 하였다. 주인이 말했다. 울지 못하는 놈을 잡아라.[47]

여기서 장자는 가지와 잎이 무성한 큰 나무(大木)가 벌목꾼들에

---

[46] 노자, 《도덕경》 45장.
[47] 장자, 《장자》 외편, 〈산목〉.

게 베어지지 않고 살아 있을 수 있는 이유를 '쓸 만한 것이 아니라는 것'에서 찾았다. 벌목꾼들에게 '큰 나무'는 크기만 할 뿐 재목으로는 쓸 수 없는 나무이다. 베어 가도 쓰임이 없으니 그냥 두는 것이다. 여기서 장자는 유용한 '재材'와 무용한 '부재不材'를 언급하면서, 사람들에게 무용한 것으로 인식되는 것이 천수를 누릴 수 있는 비결이라고 판단한다.

하지만 '울지 못하는 거위'가 죽게 된 것은 어떻게 설명할 수 있을까? 장자의 제자들이 이 부분에서 장자에게 의문을 제기했다. 제자들은 말한다. '어제 산의 나무는 쓸모가 없어서 천수를 다할 수 있었는데, 오늘 이 집의 거위는 쓸모가 없어서 죽었습니다. 선생께서는 장차 어디에 서겠습니까?' 장자가 웃으면서 대답하였다. 나는 '쓸모 있음'과 '쓸모없음'의 중간에 처하겠다. 쓸모 있음과 쓸모없음의 중간이란 도道와 비슷하면서도 실은 참된 도가 아니기 때문에 화를 면하기는 어려운 것이다.[48] '재'와 '부재'의 '중간 지점'을 선택하더라도 그것은 '참된 도'가 아니기 때문에 어려움을 면치 못할 것이라는 현실 감각이다. 어느 쪽을 선택하더라도 문제는 있기 마련이다.

이와 관련하여 《장자》에는 또 다른 비유가 있다. 장석匠石이라는 목수가 한 사당 앞에 있는 '백 아름드리의 큰 도토리나무'를 보았다. 하지만 장석은 그 나무를 거들떠보지도 않고 가 버렸다. 이에

---

[48]  장자, 《장자》 외편, 〈산목〉.

장석의 제자들이 이토록 아름다운 나무는 처음인데 어찌 선생님은 보지도 않고 가 버리는가 하고 의문을 제기한다. 장석은 그 나무는 쓸모가 없어 그토록 오래 살고 있는 것이라고 했다. 장석이 집에 돌아와 잠을 자는데 큰 도토리나무가 꿈에 나타나 말한다. 과일나무는 과일이 열리면 따게 되고 딸 때에는 욕을 당하게 된다. 큰 가지는 꺾이고 작은 가지는 찢어진다. 이들은 자기의 재능 때문에 고통을 당하는 것으로, 그래서 천수를 누리지 못하고 일찍 죽다. 나는 쓸모없기를 바란 지가 오래다. 우리는 모두 하찮은 물건에 지나지 않는다.[49]

'큰 나무'는 쓸모가 없어서 오래 살았고 '울지 못하는 거위'는 오히려 쓸모가 없어서 죽임을 당했다. 무엇을 선택하더라도 어렵다. 그 선택을 받아들일 수밖에 없다. 장자가 말하는 것처럼 '나의 재능으로' 살 때 '꺾이고 찢어지는' 고통이 동반될 수 있다. 장자는 그것을 그대로 받아들일 수 있는지, 그 태도에 대한 문제를 제기한다. 장자의 말처럼 내가 가진 능력으로만 살면 피곤하고 지친다. 과열될 수 있다. 맹자는 마음을 기르는 데 있어 욕심을 적게 하는 '과욕寡慾'보다 더 좋은 것은 없다고 말한다. 신체가 욕구하는 대로 다 하는 것이 아니라 절제하는 것이다. 자신에 대한 지나친 믿음, 또는 지나친 과신은 오히려 신체를 손상시키기 때문이다.

나의 능력과 재능을 내려놓고 체내로 에너지를 다시 응축하는

---

[49]  장자, 《장자》, 〈인간세〉.

것이다. 그러기 위해서는 시간이 필요하다. 자신을 건강하게 내보이기 위한 시간은 나의 원초적인 힘으로 돌아갈 수 있는 시간이다. 에너지를 응축하는 것은 호연지기의 과정으로도 이해된다.

## 맺음말

피로로 인한 번아웃에서 벗어나기 위해 자기 감정의 발견과 분석, 의미의 충족이 필요하다. 감정의 발견 단계에서는 무엇을 먹을 때, 무엇을 볼 때 기분이 평안해지는지, 좋지 않은 것을 경험할 때 나의 감정은 어떻게 변하는지, 어떠한 지점에서 화를 내고 분노하는지 등 신체의 변화를 살펴본다. 감정의 분석 단계에서는 나는 무엇으로 고통받고 있으며 그 고통으로 삶의 욕구도 고통받는지, 또는 나의 주체성은 어떻게 변하고 있는지 등의 문제를 살펴본다. 어떤 것을 할 때 고통스러운지를 면밀하게 살피는 것이다. 이어 의미의 충족 단계에서는 어떠한 삶이 나를 일으킬lifting 의미를 가져다주는지를 탐구한다. 이 단계에서는 자신의 '내러티브'를 함께 탐구해 본다. '내러티브' 탐구를 통해 자신의 인생 스토리를 재검토해 보는 것도 필요하다. 이대로 살아도 괜찮은지, 또 다른 삶의 형태는 없는지, 그것을 이루기 위해 나는 무엇을 할 수 있는지 등 필요한 물음을 계속 던져 보는 것이다. 그 과정에서 자신을 세워줄 수 있는 그 '의미'를 지속적으로 찾아간다.

'피로'시대의 돌봄과 주체적 신체성 |

그런데 '의미'를 찾는 것은 '이성적 사려'를 통해서만 가능한 것은 아니다. '신체적 사려'가 동반되어야 한다. 내가 어떠한 일을 할 때 행복하고 좋은지 신체적 반응이 중요한 것이다. 합리적·이성적으로 생각하고 판단한다고 해도 그것이 일상에서 실제로 나타나지 않으면 무의미하다. 일상에서 실제로 나타난다는 것은 나의 신체가 그러한 행동을 하고 있다는 것을 의미한다. 안락하고 건강하게 산다는 것은 마음만의 문제가 아니라 실제로 안락하고 건강하게 살 수 있는 신체가 될 수 있는지의 문제이다. 신체가 안락하고 건강한 상태에 있는지를 점검해야 하는 것이다. 또한 개인의 건강함은 개인만의 문제가 아니라 사회적 문제이기도 하다. 안락하고 편안한 신체는 사회 공동체를 건강하게 만든다. 개인의 신체는 사회적 신체와 연동되어 있다.

피로 시대에 나의 신체가 어떠한 상태에 있으며, 어떠한 상태에 있어야 편안한지를 생각하는 것은 신체를 혹사시키지 않기 위함이다. 신체가 편안해야 불안하지 않다. 신체를 편안하게 만들기 위한 방법으로 '즐김의 신체'를 구상할 수 있다. '즐김의 신체'는 개인적 차원에서의 '즐김'과 공동체 차원에서의 '즐김'이 있다. 타자와 함께하는 신체이다. 초고령화 시대, 1인가족이 가파르게 증가하는 현실의 상황에서 타자와 함께하는 신체는 중요한 의미를 갖는다. 이처럼 바쁜 일상 속에서도 즐길 수 있는 신체를 지속적으로 생각하는 것이 필요하다. 물론 노자가 말하는 것처럼 과도한 즐김은 신체를 손상시킬 수도 있다. 신체적 욕구를 무한정 추구하는 것이 아니라 중용적 신체를 의식하면서 편안하게 만드는 것이다. 신체의 건강함이 일상을 건강하게 만든다.

## 참고문헌

《논어》,《맹자》,《노자》,《장자》

《소학》, 상해고적출판사, 한미서적, 2004.

《周敦頤集》, 中華書局, 1990.

丁若鏞,《大學公議》,《論語古今註》(《與猶堂全書》, 驪江出版社, 1985)

주자대전번역연구단 옮김,《朱子大全》, 한국학술정보(주), 2010.


김재숙, 〈신체동학: 심신 조율 그리고 예술치료-인도의 춤 미학을 중심으로〉,
　　《철학연구》36집, 2008.

김선희 · 손준희 · 이희영, 〈'피로사회'속 보육교사의 목소리 내기〉,《인문사회
　　과학연구》20권 3호, 2019,

김상래, 〈정이(程頤) 성인론(聖人論)의 특징에 관한 고찰〉,《한국철학논집》제
　　56집, 한국철학사연구회, 2018.

무카이야치 이쿠요시,《베델의집 렛츠! 당사자 연구》, 이진의 옮김, 커뮤니티, 2016.

박수정 · 김민규 · 박봉섭 · 정지현 · 김도윤 · 박정렬, 〈한국형 번아웃 증후군
　　형성과정 및 대처방안에 관한 근거 이론적 접근〉,《교육문화연구》제24-
　　1호, 2018,

이기원, 〈격물치지론에 대한 철학치료적 접근-세계, 나, 타자의 이해를 위한
　　자아성찰〉,《인문과학》63집, 성균관대학교 인문학연구원, 2016.

＿＿＿, 〈소학을 통한 주체의 형성-도덕의 신체화〉,《한국동양정치사상사연
　　구》제16권1호, 한국동양정치사상사학회, 2017.

이은수, 〈자기 돌봄 일상화에 관한 소고: 번아웃 회복을 중심으로〉,《인문사회》
　　21, 13호, 2022,

채인후,《공자의 철학》, 예문서원, 2000.

한금선 · 박은영 · 전겸구, 〈만성피로환자의 스트레스 증상에 영향을 미치는 요
　　인에 대한 탐색적 연구〉,《한국심리학회지:건강》vol. 9, 2004.

東洋,《日本人のしつけと教育＿発達の日米比較に基づいて》, 東京大学出版会,
　　1994.

# 피상적 피로와 실존적 피로
## : 철학상담 대상 탐색

| 이진오 |

이 글은 《철학 · 사상 · 문화》 제41호에 투고한 논문을 수정 · 보완한 것이다.

# 철학상담의 대상은 무엇인가?

'시대마다 그 시대의 고유한 질병이 있다'로 시작되는 《피로사회》
에서 한병철은 이 시대를 '피로사회'로 진단한다. 그에 따르면 현
대인은 우울, 주의력결핍과잉행동장애ADHD, 소진증후군 등을 겪
으며, 이 모든 신경증적 증후는 긍정성 과잉과 자기착취 그리고
그로 인한 피로의 결과다. 그는 이 시대를 '피로사회'로 진단하고
그 나름의 처방전을 제시한다. 오늘날 상당수의 사람들이 우울,
ADHD, 무기력과 같은 증상을 보이는 것은 사실이다. 하지만 이
런 증상의 원인을 자기착취와 그로 인한 피로에서 찾고, 이 시대
를 '피로사회'로 규정하는 것이 과연 현대인들 각자가 실제로 체
험하는 삶과 그 세계를 제대로 반영한 것일까?

　필자는 첫째, 현대사회를 '피로사회'로 규정하는 한병철의 주장
을 비판적으로 검토할 것이다. 이때 《피로사회》에서 언급된 피로
를 '피상적 피로'로 규정할 것이다. 둘째, 필자는 개인이 자신의 고
유한 존재인 실존에 대한 의미나 가치를 느끼지 못하고 또한 그것
을 실현할 가능성도 발견하지 못한 채 지친 상태를 '실존적 피로'
로 규정할 것이다. 이때 실존적 피로의 성격을 드러내기 위해 그
것을 난파, 절망, 불안, 실존적 공허, 허무감, 구토, 불안, 부조리, 권
태와 같은 '실존적 증후군'과 관련해서 살펴볼 것이다. 셋째, 필자
는 니체F. Nietzsche와 하이데거M. Heidegger가 '탈진', '구토', '무게',
'따분함', '깊은 권태'와 같은 '실존적 피로증후군'을 허무주의의 맥

락에서 탐구함으로써 실존적 피로의 시대적 배경과 존재론적 근원을 추적해 볼 것이다. 이 주장에 따르면 실존에 대한 철학적 접근은 실존적 차원에만 머물지 않고 동시에 전체적이고 근원적인 성격을 확보할 수 있다. 넷째, 끝으로 필자는 실존적 '불안'이 아니라 실존적 '피로'를 철학상담의 대상으로 삼아야 하는 이유와 그로 인한 강점에 대해 간략히 언급할 것이다.

상담계의 후발주자로 등장한 철학상담이 고유한 입지를 다지려면 기존의 상담과 다른 방법론을 제시하는 일이 중요하다. 그러나 이것만으로는 사람들을 철학상담으로 이끌기 힘들다. 사람들은 자신의 문제가 정신과나 심리상담에서가 아니라 철학상담에서 다루기에 적합하다고 생각할 때 철학상담사를 찾아갈 것이다. 따라서 철학상담 특유의 대상을 확정하는 일은 방법론을 제시하는 일 못지 않게 중요하다. 필자는 위에서 제시한 네 가지 작업을 토대로 '피상적 피로'가 아니라 '실존적 피로'가 철학상담에 적합한 대상임을 강조할 것이다.


## 피로사회에 대한 선행 연구

《피로사회》는 독일에서 2010년 출간되어 대중적으로 많은 관심을 끌었다. 그러나 국내에서 활발하게 연구된 것과 달리 독일어권에서 이 책의 내용을 주제로 한 학술적 연구는 철학계에서뿐만 아니라 정신의학이나 심리학·사회학 등 전 학문 영역에서 아직까지 발견되지 않고 있다. 독일의 정신과 의사 다니엘리E. Danieli가 "피로사회에 대한 사유"[1]라는 제목으로 1쪽 분량의 서평을 발표한 바 있는데, 책의 주요 내용을 목차에 따라 소개한 수준이다. 코칭을 주제로 스텔터R. Stellter와 뵈닝U. Böning이 공동 집필한 단행본《이웃 같은 만남으로서 코칭: 머무름의 기예》[2]의 2장〈짧은 사회분석: 성과주체의 등장과 피로사회의 전개〉[3]에서 저자들은 한병철이 《피로사회》와《시간의 향기: 머무름의 기예에 대한 철학적 에세이》[4]에서 다룬 주제들을 '신자유주의의 등장', '자기비판과 자기제어를 촉진하는 새로운 공공경영', '피로사회', '시간과 공간의 실종', '과속과 정지의 동시적 체험', '머물러 있기를 재도입함'이라는 소제목 아래 정리한다. 저자들은 이런 내용을 코칭에 참조할 것을 제안하지만 학술적 분석이나 비판은 시도하지 않는다.

《피로사회》를 언급한 학술논문도 한 편 있다. 현대 독일문학 전공자 뵈메H. Böhme의〈중압감: 피로, 소진 그리고 이와 유사한 감정

---

[1] E. Danieli, "Gedanken zur Müdigkeitsgesellschaft", *Editores Medicorum Helveticorum*, Vol. 92, 2011, p. 25.

[2] R. Stelter · U. Böning, *Coaching als mitmenschliche Begegnung: Kunst zur Verweilen*, Springer Wieweg, 2019.

[3] R. Stelter·U. Böning, *Coaching als mitmenschliche Begegnung: Kunst zur Verweilen*, p. 17. 2장 전체는 pp. 17-24.

[4] Byung-Chul Han, *Duft der Zeit. Ein philosophischer Essay zur Kunst des Verweilens*. Transcript, 2009. 한국어판 제목은《시간의 향기: 머무름의 기술》(김태환 옮김, 문학과지성사, 2013)이다.

들에 대한 역사적이고 현상학적 고찰[5]이 그것이다. 이 논문에서 뵈메는 지치지 않는 노동의 강요가 이미 19세기에 근대화와 함께 시작되었다고 보고한다. 그에 따르면, 당시 인간을 기계적 생산 시스템에 맞춰 "지치지 않는 유기체"[6]로 만들기 위한 노동학이 신경생리학에 의존해 새롭게 탄생했다. 그러나 쉼 없는 산업사회에서 도시인들의 가슴에는 가공할 피로가 "소외, 만성 탈진, 우울"[7]이라는 증후로 확산되었다. 뵈메는 당시 사람들이 기계화된 산업구조 아래서 어떻게 살고 어떤 신경증을 겪었는지에 대해서, 그 당시 문학작품들에 묘사된 인물들의 체험을 중심으로 현상학적으로 서술한다. 한병철의 《피로사회》에 대해서는 논문 서두에서 잠깐 언급하는 데 그친다. 여기서 뵈메는 문명의 발전이 예상할 수 없는 대가를 치르게 된다는 식의 담론이 루소J.-J. Rousseau 이후 전개되었다고 보고하며, 현대사회 비판에 낭만주의와 루소의 유산이 작용하고 있다고 평가한다. 피로사회에 대한 비판은 이미 19세기 이후 소설 등에서 크게 대두되었다. 이때는 노동으로 인한 피로가 극단을 치달았던 시대다. 어둠에 싸여 고개를 푹 숙이고 두 팔을 떨어뜨린 여성을 묘사한 퓌슬리J. H. Füssli의 1801년 그림 〈침묵Das

5  H. Böhme, "Das Gefühl der Schwere: Historische und phänomenologische Ansichten der Müdigkeit, Erschöphung und verwandter Emotion", in *figulation*, Vol. 16, 2015, pp. 26-50.

6  H. Böhme, "Das Gefühl der Schwere: Historische und phänomenologische Ansichten der Müdigkeit, Erschöphung und verwandter Emotion", p. 26.

7  H. Böhme, "Das Gefühl der Schwere: Historische und phänomenologische Ansichten der Müdigkeit, Erschöphung und verwandter Emotion", p. 27.

Schweigen〉이나, 식탁에 엎드려 잠든 남성 노동자를 묘사한 히르쉬의J. Hirsch 1942년 그림 〈점심시간Lunch Hour〉[8] 등은 당시의 이러한 분위기를 묘사한 것이다. 결론적으로 뵈메는 피로사회가 오늘날만이 아니라 19세기 이후의 특징이라고 본다.

필자가 조사한 바에 따르면《피로사회》에 대한 학술적 연구는 영어권에서도 발견되지 않는다. 이에 반해 국내에서는 그에 대한 사회적 논의와 학술적 연구가 꾸준하다. 국내 연구자 중 경영학자 강수돌은 규율사회에서 성과사회로의 전환은 한병철이 주장하듯 "'패러다임의 전환이 일어난 결과'라기보다는 동일한 자본의 패러다임 안에서 실질적인 포섭의 형태 변화가 일어난 것"이라고《피로사회》에 대한 서평에서 지적한다. 또 그는 국가와 기업이 정한 울타리 안에서는 한병철이 현대사회의 특징으로 내세운 자유를 누릴 수 있지만 "그 울타리를 벗어나는 순간 감옥이나 구타, 벌금, 손배 가압류"[9]와 같은 통제를 받는 것이 현실이며, 도시 곳곳의 건물과 거리에서 24시간 원격 감시가 이루어지는 "통제사회"라는 점을 지적한다. 이런 보론적 비판에도 불구하고 강수돌은 현대사회를 '성과사회'이며 '자기착취'가 자행되는 '피로사회'로 규정하는 한병철의 진단에는 전적으로 동의한다.

---

[8]  H. Böhme, "Das Gefühl der Schwere: Historische und phänomenologische Ansichten der Müdigkeit, Erschöpfung und verwandter Emotion", p. 30, p. 31.

[9]  이상 강수돌, 〈성과사회, 자기착취, 그리고 피로사회〉,《진보평론》제52집, 2012, 279~280쪽 참조.

《피로사회》에 대한 논의는 철학계에서 가장 활발하다. 정용수는 한병철이 전근대와 현대를 '면역학적 시대 – 긍정과잉 시대'로 규정한 것은 단편적이며 무리가 있다고 비판한다. 그러면서도 정용수는 "현대사회를 피로사회라고 하는 한병철의 주장에는 전적으로"[10] 동의한다. 하종수와 최희봉도 현대사회를 성과사회로 규정한 한병철의 기본 입장을 따른다. 또한 이들은 "성과사회 그 이면에서 극단적인 피로와 탈진 상태를 야기"[11]한다는 한병철의 병리학적 주장도 수용한다. 다른 한편 이들은 성과사회가 야기한 그러한 문제들을 "임상철학적인 관점에서 철학적인 병의 일종으로"[12] 해석하고, '사색적 삶'과 '근본적 피로'라는 한병철의 처방이 '이론적이고 인지적이며 사유적이라 혼자서 하기에는 구체성이 결여됐다'고 비판한 후, 이 한계를 샌델M. Sandel의 정의론으로 보완한다. 김선희는《피로사회》에서 묘사된 규율사회와 성과사회의 주체 각각을 일차적으로 한병철의 분류 방식에 따라 '오이디푸스'와 '프로메테우스'라는 신화적 상징으로 유형화한다. 한병철의 논의에서 한 걸음 더 나아가 김선희는 프리pre규율사회와 포스트post성과사회로 세분하고, 이때의 주체를 각각 '디오니소스'와 '시지프스'로 유형화한다. 이어서 그는 포스트성과사회 주체의 병리 증상을 치

---

10  정용수, 〈호모루덴스로 살펴보는 인간 규정〉,《대동철학》제82집, 2018, 86쪽.

11  한병철,《피로사회》, 김태환 옮김, 문학과지성사, 2012, 66쪽.

12  하종수 · 최희봉, 〈성과사회와 철학적 병: 샌델의 정의론으로 치유하기〉,《인문과학연구》 제55집, 24쪽.

유하기 위한 실마리를 프리규율사회의 주체인 디오니소스 유형에서 찾는다.[13] 김선희의 이러한 시도는 니체의 고대 그리스비극에 대한 새로운 해석을 적극적으로 활용한 것이다. 하종수와 최희봉의 시도와 마찬가지로 김선희의 이러한 작업은 신자유주의에 대한 사회학적 해석에 크게 의존하는 한병철의 접근법을 탈피해 임상철학적 성격을 강화했다는 데 의미가 있다. 그러나 김선희 역시 앞선 두 연구자와 마찬가지로 신자유주의에 의해 추동된 현대 자본주의사회를 성과사회와 피로사회로 규정한 한병철의 근본 테제를 전제하고 있다.

강지은은 규율사회의 특징을 가지고 피로사회를 규정할 수 없다는 한병철의 주장에 문제를 제기한다. 그는 "푸코M. Foucault의 규율적 주체성과 한병철의 신경증적 주체성은 결코 경계선이 뚜렷한 주체가 아니다. 한병철은 세기의 특징을 주체성의 구별로 특징짓지만 이는 지나친 단순화이다"[14]라고 비판한다. 필자는 강지은이 언급한 "지난친 단순화"가 현대사회에 대한 한병철의 진단을 피상적으로 만든 중요한 요인 중 하나라고 생각한다. 그런데 강지은 역시 현대사회를 피로사회로 규정한 한병철의 기본 테제에는 동의한다. 이와 관련해 그는 다음과 같이 말한다. "요즘 아이들은

---

13  김선희, 〈'피로사회'에 나타난 주체들의 병리적 유형화와 치료적 접근: 미메시스 개념과의 관계를 토대로〉, 《철학연구》 제107집, 2014, 194쪽 참조.
14  강지은, 〈피로사회 담론의 주체성과 탈근대적 주체성 분석〉, 《시대와 철학》 제28권 3호, 2017, 86쪽.

정말 밖에서 지치도록 놀아 본 적도 별로 없지만 40대 이상의 성인들은 누구나 많이 놀아 봤다. 이들은 어려서 학원이라는 것 자체가 없었다. 학교 가기 전의 유아들은 정말 하루가 길었고, 초등학생들은 숙제를 마치고 정말 질리도록 동네를 누비며 놀았다."[15] 대한민국 성인들 대부분은 이 말에 동의할 것이다.

하지만 과거에 비해 한국인들이 실제로 놀 시간이 줄어들고 피로도가 상승했을까? OECD 국가 중 자살률 1위라는 사실에 주목하며 경각심을 일으키기 위해 한국 사회를 피로사회로 규정해 볼 수도 있을 것이다. 그렇더라도 한국 사회의 특수한 상황이 한병철이 대상으로 하는 지구촌 전체의 흐름인지 생각해 보아야 한다. 독일을 생활 터전으로 한 한병철은 한국 사회를 겨냥해서 피로사회 담론을 전개한 것이 아니다. 그가 염두에 둔 피로사회는 한국을 포함한 신자유주의 흐름에 합류한 주요 국가들이다. 높은 자살률과 입시지옥, 심각한 수준의 비정규직 문제를 근거로 한국 사회를 피로사회로 규정하는 데는 그것을 입증한 객관적 자료 여부와 무관하게 일단 심정적으로 공감할 수 있다. 하지만 '피로사회'가 현대사회 전체에 대한 진단일 때는 의문이 커진다. 가령 유럽 주요 국가들의 경우 이미 80년 전쯤부터 주 5일제 근무를 해 왔고, 한 달 정도의 여름휴가를 즐긴다. 입시를 앞둔 고교생들도 보통은 오후 3시면 하교한다. 성과에 매달려 자기착취하는 유럽인은 극소

---

15  강지은, 〈피로사회 담론의 주체성과 탈근대적 주체성 분석〉, 30쪽.

수다. 성과가 유럽인들의 지배적인 가치가 아닌 것이다.


## 성과사회와 피상적 피로

《피로사회》에서 한병철은 신자유주의가 지배하는 오늘의 세계를 '성과사회'로 규정한다. 그가 보기에 오늘날은 '성과Leistung'가 모든 사회적 가치를 결정하기 때문이다. 그는 신자유주의 주도로 성과사회가 등장하기 이전의 세계는 '면역학적 시대'와 '규율사회'로 특징짓는다. 자본주의 진영과 공산주의 진영의 갈등에서 확인할 수 있듯이 면역학적 시대에는 나와 타자가 확연히 구별되었다. 나에게 타자의 이질성이 침입하면 면역학적 반응이 일어난다. 그러나 타자성과 이질성으로 인한 경계와 거부반응은 신자유주의 경제체제에서는 방해 요인이다. 이런 이유로 신자유주의에서는 면역학적 반응을 일으키던 이질성과 타자성이 제거된다. 성과사회에서는 이질적인 타자를 만나 전개되던 '부정의 변증법'이 힘을 잃고 긍정성 과잉 상태가 된다.

    '규율사회' 개념은 푸코의 창조물이다. 한병철은 푸코의 이 개념을 성과사회와 대조하기 위해 전용한다. 규율은 의무와 금지를 목표로 한다. 그리고 '~하지 말아야 한다'는 금지는 부정성을 본질로 한다. 그런데 필자가 보기에 의무 역시도 개인적 욕망이 아니라 사회적 요청이라는 점에서는 '내가 하고 싶은 것을 누르고 사회적 의무를 행하라'는 뜻을 포함한다. 이렇게 의무에도 부정성이 함축되어 있다는 점에서 규율사회를 부정성의 시대라 볼 수 있다. 이런 사회에서 개인은 복종적 주체(자아)가 되고 자기 존재 실현은 사회적으로나 개인적으로 원천적으로 부정된다. 한병철에 따르면 복종적 자아는 자율Autonomie의 원리로 작동하는 칸트I. Kant의 도덕에서 확인할 수 있듯이 "이중적 자아"[16]가 된다. 외부에 존재하는 규율이 내면화됨으로써 도덕적 주체가 피고인 동시에 재판관이 되기 때문이다. 이로 인해 규율주체는 억압, 금지, 부인이 무의식을 지배하는 연극성성격장애(히스테리)라는 정신적 질환을 전형적으로 겪는다.[17] 이에 반해 성과사회에서는 좀 더 많은 생산력을 발휘하기 위해 무한정 '할 수 있음'이라는 긍정성이 지배한다. 이 사회에서 개인은 타율에 복종하는 주체가 아니라 주권자가 된다. 즉, 성과사회에서 개인은 '할 수 있음'이라는 긍정성을 자기개발의 격률로 삼고 성과를 극대화하기 위해 자기착취를 일상화한다. 이들에게 자유는 성과를 극대화하기 위해 조작된 한계 없는 '할 수 있음'에 도취된 채 스스로를 강제하는 역설적 자유다. 이렇게 해서 성과사회는 극단적인 피로를 야기해, 결국에는 우울증 · ADHD · 소진증후군 같은 신경증적 증상을 낳는다.[18] 성과사회의 주체가

---

16  한병철, 《피로사회》, 86쪽.
17  한병철, 《피로사회》, 90쪽 참조.
18  한병철, 《피로사회》, 11쪽 참조.

겪는 이런 피로를 한병철은 "나르시시즘적 자기 관계의 대가로 타자와의 모든 관계를 파괴해 버리는 피로"[19]라는 의미에서 '자아 피로'라 칭하기도 한다.

현대사회에서는 개인의 자유가 불가침의 권리로 인정된다. 개인의 자유를 침해하거나 제약하는 시도들이 쉽게 작동하지 않는 시대인 것이다. 신자유주의 시대는 경제적 주체들, 특히 세계시장을 상대로 활동하는 기업에게 최대한의 자유를 보장한다. 그런데 각종 국제기구와 국제법 등을 중심으로 보장된 이들의 '자유'가 시민들의 자유를 마음대로 침해할 수는 없다. 이때 자본의 논리가 자신이 세운 목적에 시민들을 동원하기 위해 만든 간접적 통제 방식이 이른바 '성과주의' 이데올로기와 '자기통제'다. 그런데 성과주의와 자기통제가 다양한 방식으로 실체를 포장하더라도, 이는 개인의 자유를 우선시하는 현대인들에게 거부반응을 일으킨다. 통제 방식이 교묘해지고 실체를 알기가 점점 쉽지 않게 됐다는 것은, 그만큼 개인이 자신의 자유를 중요시하고 통제로부터 최대한 벗어나려 한다는 사실을 방증한다. 성과주의와 자기통제가 자본이 근로자를 지배하는 효과적인 수단인지도 의문이다. 일과 자신의 삶 자체의 균형을 중요시하는 '워라밸Work & Life Balance' 문화 또한 이 시대의 중요한 흐름이기 때문이다. 설령 성과주의와 자기통제가 자본이 채택한 지배적인 통제 수단이 되었다 하더라도, 이런

---

19 한병철, 《피로사회》, 82쪽.

피상적 피로와 실존적 피로: 철학상담 대상 탐색 |

사실이 곧 현대사회에서 개인이 과거보다 덜 자유롭고 더 피로한 시대가 됐다는 것을 의미하는 것은 아니다. 오늘날 개인은 외부의 통제에 맞서 최대한 자신만의 시간과 공간을 확대하려는 경향이 그 어느 때보다 강하기 때문이다. 그런데 한병철은 이 시대 개인들이 '성과주의'와 '자기통제'에 내몰리고 있다고 본다.

다른 한편으로, 한병철이 '규율사회'로 지칭한 시대는 피로사회가 아니었나라는 의문이 든다. 규율사회를 포함해 근대 이전의 사회는 인종차별과 남녀차별, 계급 착취가 만연했다. 이에 더해 열악한 의식주와 보건위생으로 대다수가 육체적으로나 심리적으로 고통받던 시대다. 이 시대에는 '피곤하다'는 감정 표현조차도 사치였다. 물론 현대사회에도 많은 이들이 피로를 호소한다. 그러나 '피로사회'라는 규정에서의 '피로'가 이 시대와 다른 시대를 구분할 정도를 의미한다면, 이는 현실을 제대로 반영한 것이라고 보기는 힘들다. 현실을 드러난 그대로 제시해 주지 않는 표현은 문제를 엉뚱한 방향으로 몰고 갈 위험이 있다.

한병철도 현대사회가 그전 사회보다 더 피로한 사회가 됐다고 주장하는 것은 아닐 수 있다. 그는 현대사회의 피로는 과거와 달리 경제 주체들의 자기착취의 성격이 있다는 점을 부각시키고 싶었는지도 모른다. 그렇다 하더라도 포스트모던사회 주체들의 자기착취와 그로 인한 피로가 마치 신자유주의 이후 현대사회의 일반적인 현상인 듯 진단하고 있다는 점은 달라지지 않는다. 그의 시대 진단의 타당성을 최종적으로 평가하기 위해서는 사회경제적 요인과 심리적 반응 등에 대한 조사와 분석이 충분히 선행되어야 할 것이다. 그러나 그의 시대 진단이 지닌 한계는 다음과 같은 자료를 통해 잠정적으로 판단해 볼 수 있다. 통계청에서는 주요 국가들과 대한민국 국민의 삶을 비교해 볼 수 있게 매년 '국민 삶의 질 지표'를 발표한다. '국민 삶의 질 지표'를 구성하는 요소는 '기대수명', '비만율', '스트레스 인지율', '신체 활동 실천율', '자살률', '주관적 건강 상태', '교육', '고용 · 임금', '소득 · 소비 · 자산', '여가', '주거', '환경', '안전', '시민 참여', '주관적 웰빙' 등이다. 이중 '스트레스 인지율'과 '자살률', '주관적 건강 상태'가 응답자의 심리 상태에 따라 크게 영향을 받는 것이고, 나머지는 그 추이가 상당히 객관적으로 측정된다. 이들 항목을 전체적으로 보면, 2020년 현재 한국인을 포함한 OECD 회원국 대부분에서 '국민 삶의 질 지표'가 1970년 이후 전반적으로 긍정적으로 변했다. 1970년대에는 비교할 조사가 없는 항목도 있고, 최근 팬데믹과 같은 특별한 사건이 있는 기간에는 긍정적 방향의 추이가 정체되거나 하향선을 그리기도 한다. 그렇지만 전반적으로 볼 때 긍정적인 방향의 변화를 확인할 수 있다.[20] 이 지표들은 행복도나 피로도 자체를 보여 주는 것은 아니고, 그에 대해 추정해 볼 수 있는 자료다. 그럼에

---

20  통계청 '국가지표체계' 중 https://www.index.go.kr/unify/main.do?clasCd=10 참조. 국가 간 비교는 통계청에 링크된 https://data.oecd.org/korea.htm 참조. 자살률 추이는 한국의 경우 1990년 초 약 6명에서 2018년에는 약 26명으로 증가했다. 그러나 같은 기간 OECD 회원국 대부분은 자살률이 소폭 낮아졌다. 이 기간은 한병철이 피로사회의 배경으로 지적한 신자유주의가 위력을 떨치는 시기를 포함하고 있어서 의미 있다.

도 주요 국가들이 1980년대 이후 미국과 영국의 주도로 진행된 신자유주의 이후 '피로사회'로 특징짓는 방향으로 움직이고 있다고 보는 것이 무리라는 사실을 이들 지표를 통해서 알 수 있다.

한병철의 시대 진단은 객관적 자료나 전반적인 현상에 대한 분석의 결과라기보다는, 신자유주의에 대한 비판적 관점에 따른 하나의 해석으로 보인다. 이 해석은 지성계의 주요 흐름이었던 신자유주의에 대한 우려와 비판에 호응한다. 하지만 필자가 위에서 언급한 객관적 자료나 현실에 비추어 볼 때, '피로사회'라는 그의 시대 진단은 도식적이고 피상적인 해석으로 보인다. 또 이런 의미에서 '성과사회'와 '자기통제'에 의해 야기된 '피로사회'에서의 '피로'를 우리는 '피상적 피로'라고 규정할 수 있을 것이다. 물론 한병철이 시도한 것과 같은 특정한 관점에서의 시대 진단이 현대사회의 문제점을 부각시켜 경각심을 불러일으키는 데 효과적일 수 있다. 그러나 그런 시대 진단은 사람들이 체험하는 현실을 최대한 그대로 분석하고 그에 맞춰 해결책을 찾는 이들에게 도움을 주기 힘들다.

《에밀》에서 루소는 생로병사를 겪는 모든 인간의 삶은 결국 비극이라고 말한다. 이 말에 사람들은 저마다 힘든 순간을 떠올리며 고개를 끄덕일 것이다. 행복은 극대화하고 고통은 최대한 피하려는 것이 사람들의 지배적 심리다. 이런 인생관과 심리적 경향으로 인해 사람들이 '피로'에 민감한 반응을 보이는 것은 아닐까? 신자유주의가 성과나 성공의 이데올로기를 부추기고, 이에 따라 과잉 긍정성과 자기착취가 일어나고, 또 그로 인해 우울증 · ADHD ·

소진증후군을 앓는 이들도 있다. 따라서 이런 현상들도 문제로 의식하고 해결하려는 노력도 필요하다. 그러나 이런 현상들을 이 시대의 특징으로 확정하는 일은 피해야 한다. 그로 인해서 본질적이고 전체적인 모습이 간과될 수 있기 때문이다. '피로사회'라는 진단이 전 시대와 구별되는 시대의 특징이 되려면, ① 전 시대에는 이런 '병리학적 현상'이 지금과 같은 정도로는 존재하지 않았어야 하고, ② 신자유주의 시대 이후 사람들이 전반적으로 피로사회 증후군을 앓고 있어야 한다. 시대의 특징은 시대의 주요 경향에 근거해야 하고, 그렇게 되려면 진단이 평균성을 확보할 수 있어야 하기 때문이다.

'피상적 피로'가 실체가 없더라도 그것을 시대의 지배적 현상으로 믿는 이들은 그런 믿음으로 인해 피로를 겪을 수 있다. 이것을 해결할 수 있는 처방은 무엇일까? 피상적 피로가 가상이거나 실제보다 과장됐다는 점을 밝히는 것이다. 이상에서 필자의 작업이 그런 시도였다. 그런데《피로사회》에서 제시된 시대 진단을 좀 더 확정적으로 평가하려면, 현대사회의 신경증적 증후군과 관련된 좀 더 충분한 사회과학적 지표 연구와 정신병리학 연구 등을 검토해야 한다. 이런 작업은 필자의 능력을 넘어선다. 이하에서 필자는 철학적 분석과 처방이 가능한 문제에 집중할 것이다. 그것은 '실존적 피로'다.

# 실존적 피로

일반적으로 '피로'란 '심신 기능이 떨어진 상태'를 의미한다. 정신적으로나 육체적으로 과도한 피로에 시달리는 사람은 그렇지 않은 사람이 할 수 있는 수준의 기능을 발휘할 수 없다. 개인이 자신의 고유한 존재인 실존에 대한 의미나 가치를 느끼지 못하거나 그것을 실현할 가능성을 발견하지 못하고 좌절할 때도 일상생활을 제대로 영위할 수 없을 정도로 지친 모습을 보인다. 이를 '실존적 피로'라 칭할 수 있다. 그렇다면 실존적 피로는 어떻게 체험되는 것일까?

## 실존적 공허

야스퍼스K. Jaspers에 따르면 인간은 현존, 의식 일반, 정신, 실존의 차원을 지닌 다차원적 존재다. 그런데 생존 투쟁에 몰두하는 현존 차원에 머물 때 인간은 "현존 일반에 대한 불만족"[21]을 느낄 수 있다. "나는 실존의 가능성을 살고, 실존을 실현할 때에만 나 자신"[22]이기 때문이다. 이런 이유로 현존에 몰두하는 삶에 대한 불만족은 실존을 향한 운동의 에너지가 되기도 한다. 특히 죽음, 죄책, 사랑, 투쟁, 고통, 우연과 같은 한계상황은 실존을 향한 비약의 계기가

[21]  K. Jaspers. *PhilosophieII–Existenzerhellung*, Berlin, Springer Verlag, 4. Auflage, 1973, p. 30.

[22]  K. Jaspers. *Philosophie II–Existenzerhellung*, p. 37.

될 수 있다. 그런데 한계상황에 직면해서 실존 실현을 향해 가더라도 인간은 '고독', '회의', '난파', '허무', '절망'을 체험하기도 한다.[23] 이러한 체험은 일차적으로 공허감과 무력감을 불러 일으킨다.

주지하듯 프랭클V. Frankl은 실존에 대한 야스퍼스의 통찰을 치료에 전용한다. 그는 '의미에의 의지'가 좌절됨으로써 겪는 '실존적 공허' 때문에 점점 많은 환자들이 자신의 병원을 찾는다고 보고한다. "그들은 실존적 좌절감 때문에 더욱 절망한다. 오늘을 사는 사람들은 열등감 때문이 아니라 오히려 의미상실감 때문에 괴로워하고 있다. 그뿐 아니라 이러한 의미상실감은 통상적인 공허감이라든가 일종의 '실존적 공허' 상태를 수반하기도 한다."[24] 그런데 실존적 공허의 근원은 무엇일까? 프랭클에 따르면 인간은 신체적 차원과 심리적 차원, 그리고 정신적noogenic 차원을 지닌다. 정신적 차원으로 인해 인간은 신체적이고 심리적인 만족에 머물지 않고 자기 존재의 의미를 찾는다. 다른 한편 인간은 '고통, 죄, 죽음'이라는 "인간 존재의 3대 비극"[25]을 겪는데, 실존적 공허는 이 비극 체험에서 야기된다. 야스퍼스가 실존 탐구에서 밝혀낸 '죽음', '죄

[23] K. Jaspers, *Philosophie II–Existenzerhellung, Berlin*, p. 92 참조.

[24] 프랭클 · 크로이처,《태초에 의미가 있었다: 정신분석에서 로고테라피에로》, 김영철 옮김, 분도출판사, 2006, 129~130쪽. 역자 김영철은 독일어 원문 "existentielles Vakuum"을 "실존적 진공"으로 옮겼으나 필자는 "실존적 공허"로 옮겼다.

[25] V. E. Frankl, *Man's Searching for Meaning*, London, Rider, 2004, 108쪽.

피상적 피로와 실존적 피로: 철학상담 대상 탐색 |

책', '고통', '투쟁', '사랑', '우연'과 같은 한계상황이 그렇듯 '3대 비극'은 인간이라면 누구도 건너뛸 수 없는 체험이다. 따라서 누구든 실존적 공허를 체험할 가능성에 열려 있는 것이다.

실존적 체험은 참된 자기됨의 계기가 될 수 있지만, 삶을 짐으로 느끼게 하며 일상의 속도를 떨어뜨리기도 한다. 실존을 향해 비약하지 못한 채 삶의 부조리성과 무의미성(의미의 진공상태)에 압도된 채 실존적 피로만 느낄 때, 이때의 실존적 체험은 한 인간을 죽음에 이르게 할 수도 있다. 이를 우리는 카뮈A. Camus의 부조리 개념에서도 확인할 수 있다.《시지프 신화》제1장 '부조리의 추론'에서 카뮈는 대부분의 사람들이 살 만한 이유가 있어서 사는 게 아니라 단지 습관에 의해 삶을 지속한다고 주장한다. 그렇게 삶을 지속하다가 누군가 진지하게 자살을 생각한다면, 그것은 그런 삶이 감당도 이해도 되지 않고, 살 만한 가치도 없다는 사실에 대한 "고백"[26]이다. 카뮈는 '부조리'와 '무의미'라는 말을 혼용해 쓰기도 한다. 삶의 의미를 찾지 못한 상태, 즉 '의미의 진공'이 부조리이기 때문이다. 삶의 이유를 발견하지 못할 때 인간은 스스로 삶의 벼랑 끝에 설 수도 있다. 이렇게 볼 때 의미의 진공상태를 겪는다는 것은 죽음에까지도 이를 수 있는 실존적 피로인 것이다.

김정현은 '실존적 공허'를 '내적인 허무감'이나 '삶의 무의미감', '가치 상실' 등을 포함하는 증상으로 보고, 이를 현대인의 "실존적

---

26  알베르 카뮈,《시지프 신화》, 김화영 옮김, 책세상, 2009, 18쪽.

문제"[27]로 규정한다. 그에 따르면 '실존적 공허'에서 '가치 상실', '삶의 불안', '우울증', '강박증뿐만 아니라 '피로감'이 발생할 수 있다.[28] "의미 욕구가 실존적으로 좌절되면 공격성, 중독, 우울증, 절망, 삶의 피로감"[29] 등이 올 수 있다는 것이다. 하지만 그는 '실존적 공허'와 '피로감'의 관계를 분석하여 '실존적 피로'라는 개념으로 파악하지는 않았다.

## 실존적 피로의 성격과 피로증후군

실존적 공허로 찾아온 환자를 다루기 위해 프랭클은 '의미치료 Logotherapie'를 개발했다. 하지만 그는 이 명칭이 의학적 의미의 '치료'를 뜻하는 것은 아니라고 고백한다.[30] 실존적 공허를 정신의학적 치료의 대상으로는 보지 않은 것이다. 왜냐하면 실존적 공허란 삶의 의미를 찾기 위해서 노력하는 사람들의 정상적인 자세이지 신경증 환자의 증상은 아니기 때문이다.

일반적으로 '피로'라는 현상은 원인과 결과라는 인과관계에 의해서 파악된다. 인과적 관계에서 볼 때 한계상황, 부조리 체험, 실존적 공허, 불안, 좌절, 난파 등은 피로의 원인이다. 활력을 잃고

---

27  김정현, 〈로고테라피와 실존분석의 임상방법 및 철학상담에서의 함의〉, 《철학논구》 제120집, 2011, 32쪽.
28  김정현, 〈로고테라피와 실존분석의 임상방법 및 철학상담에서의 함의〉, 33쪽.
29  김정현, 〈로고테라피와 실존분석의 임상방법 및 철학상담에서의 함의〉, 38~39쪽.
30  프랭클 · 크로이처, 《태초에 의미가 있었다: 정신분석에서 로고테라피에로》, 30쪽 참조.

정상적 수준의 기능을 못하는 상태라 할 수 있는 '실존적 권태'만이 피로의 결과인 것처럼 보인다. 그런데 실존적 피로를 다룰 때 피로 현상을 원인과 결과로 딱 나누는 것은 실제 우리가 체험하는 현상과 어긋난다. 달리기는 운동하는 순간 행위자가 활력을 느낀다. 피로는 운동의 결과로 나중에 느껴진다. 그런데 한계상황에서 '나'의 실존의 한계가 넘어설 수 없는 절벽으로 체험되고 점점 더 어둡고 서늘해지는 허무의 바다를 부유하며 부조리와 무의미를 겪을 때는, 이런 체험들이 피로의 '원인'이 되고 나중에 그 결과로 실존적 피로가 밀려오는 게 아니다. 한계상황, 부조리, 무의미성에 대한 체험들 자체가 일상적으로 진행되던 삶의 속도를 붙잡는다. 돌파구를 발견하지 못하거나 실존적 도약을 시도하지 못할 때는 이들 실존적 상황에 자신이 놓여 있다는 사실 자체가 피로로 느껴지는 것이다. 하나로 묶을 수 있는 공통성은 있지만, 인과관계가 확실치 않은 일련의 현상들을 '증후군'이라 칭한다. 실존을 향한 자기실현의 운동에서 체험하는 이런 일련의 현상들을 우리는 '실존적 피로증후군'이라 칭할 수 있을 것이다. 물론 이런 상황을 잘 돌파해 참된 자기를 성취한다면, 실존적 피로증후군 체험은 새로운 삶의 자양분이 될 수 있다. 그러나 많은 이들은 그것을 실존적 계기로 이해하지도 못한 채 무기력과 혼란으로 일상을 산다. 뚜렷한 원인도 알 수 없는 실존적 피로증후군이 삶을 밑바닥에서부터 지배할 수 있다.

## 직장인 P의 실존적 피로

실존적 피로의 존재와 그 특징은 사례를 통해서 확인된다. 필자는 기업체에 근무하는 40대 중반 남성 1명과 40대 후반 남성 2명을 철학상담 현장에서 2년 이상 만났다. 이 세 명의 직장인들이 실존적 피로 체험을 대표해 보여 주지는 않더라도 그 일면을 짐작해 볼 수 있게 한다. 이들은 모두 견실한 직장에서 인정을 받고 있었다. 이들은 오늘날 대한민국에서 직장 생활 자체가 과거보다 사람을 더 피곤하게 한다고는 보지 않았다. 비교 대상 시간을 70년대 고도성장 때나 근대화 이전으로 확대할수록 이들은 과거보다 현재 직장 생활이 피로를 야기한다는 주장에 반대 의견을 분명히 했다. 하지만 이들은 직장을 중심으로 흘러가는 일상 속에서 자신이 진정 원하는 삶을 실현할 수 있을지 고민했다. 시간의 흐름 속에서 퇴직과 노년 생활 그리고 삶의 끝을 생각하니, '직장에서 자신의 역할에만 충실한 것이 과연 자신이 원하는 삶을 실현하는 데 도움이 될지' 의구심이 일었다. 이런 의구심으로 인해 세 사람은 예전처럼 직장 생활에만 전념할 수가 없었다. 직장이 자신이 원하는 삶의 의미를 채워 주지 못할 것 같은 기분이 들자 활력이 꺾이고 생활 속도가 떨어진 것이다.

이들은 직장 생활을 하면서도 자신이 원하는 삶을 탐색하고 감행하기 위해 2년 넘게 매주 한 차례씩 저녁에 필자와 만났다. 이 모임에서 우리는 하이데거의 '현존재분석론'이나 야스퍼스의 '실존조명', 니체의 '극복인Übermensch'을 길잡이로 세계와 자기를 선

피상적 피로와 실존적 피로: 철학상담 대상 탐색 |

입관 없이 그리고 근원적으로 분석하는 '실존적 다이얼로그 Existential Dialogue'를 진행했다. 이를 통해서 자기 삶의 선장으로서 살 방법을 찾았다고 믿은 세 사람은 현재 직장 안에서 철학 공부 모임을 만들어서 실존적 다이얼로그로 동료들을 돕고 있다. 아마도 자아와 세계 그리고 그 관계에 대한 실존철학적 탐구가 이들에게 획일화된 자본의 논리로부터 거리를 유지할 수 있게 해 주고, 삶을 근본적이고 전체적으로 바라볼 기회를 주고, 그러면서 자연스럽게 자신을 자기 삶의 주인으로 느끼게 해 주는 듯하다.

이들 중 P의 경우를 좀 더 자세히 살펴보면 '허무'나 '의미의 진공' 상태가 참된 자기를 향한 실존적 운동의 계기가 되지만, 동시에 그런 체험이 일상에서 활력을 잃고 무기력감을 느끼는 실존적 피로가 되기도 한다는 사실을 확인할 수 있다.

중견 광고회사의 오너에게 큰 신뢰를 받으며 서울에서 직장 생활을 하던 40대 후반의 직장인 P는 어느 순간 "지금 내가 살고 있는 것이 차츰 즐겁지 않고, 나의 생각과 모습들이 지루해지면서 생동감이 없어지는 것을 느꼈다." 이런 생각이든 후 P는 점점 무기력해진다. 타인들과의 마찰이 빈번해지고, 허무하다는 생각이 그의 삶 전체를 지배하게 되었다. 모든 것이 의미 없고 부질없다는 생각이 들 때마다 P는 "인간은 모두 이렇게 살아가고 있고, 나 또한 어쩔 수 없다"고 애써 정당화하기도 했다. 그런데 그는 이렇게 대응하는 자신의 모습에서 더 큰 무력감을 느꼈다. 그는 계속해서 그 원인을 타인이나 외부에서 찾고 있었다. 허무함을 달래고 채우기 위해 P는 더 자극적이고 새로운 것들을 찾아 거기에 몰두해 보기도 했다. 그러나 이런 방법은 "수렁에서 한 발을 빼면 다른 한 발이 더 깊이 빠져 있는 것처럼 악순환의 연속"이었다. 오랜 시간 무력감과 허무감 그리고 이를 회피하려는 자극의 정도도 점점 심화되었다.

그러던 중 접한 니체의 사상은 P의 생각과 관점에 큰 변화를 가져왔다. 그에게 큰 전환점이 된 니체의 사상은 '동일한 것의 영원한 회귀'였다. 이 사상은 P에게 많은 질문과 생각의 계기를 만들어 주었다. 그리고 빨리 결단을 내리라고 독촉하는 것 같았다. '과연 나는 또다시 예전과 똑같이 살 수 있을까?' 이런 첫 번째 질문은 그동안 한 번도 생각해 보지 않았기 때문에 충격적이었다. 결국 예전과 똑같이 살 수밖에 없다는 끔찍한 저주의 주문 같기도 했다. 하지만 시간이 지나면서 P는 '왜 나는 다시 사는 것이 저주같이 느껴지는가?'라는 질문을 하게 되었다. '왜 잘살지 못했는가?', '내 삶에서 후회되는 것이 무엇인가?'라는 질문이 이어졌다. 지난 날들에 대한 부끄러움과 후회는 그가 자신을 깊이 있게 성찰하는 계기가 되었다. 그는 무엇보다 성공적인 직장 생활 뒤에 쌓인 위선과 자기기만을 인정하게 되었다. 그 다음으로 '만약 내가 후회하지 않고 살 수 있다면, 그것은 어떻게 사는 것일까?'라는 질문을 하게 될 때쯤, 니체가 주창한 '극복인'의 모습 중 하나인 스스로 입법자가 되는 삶이 P의 마음을 끌었다. 니체의 이 사상은 외부에서 주어지고 강요당했던 그의 생각을 하나씩 점검하는 계기가 되었

피상적 피로와 실존적 피로: 철학상담 대상 탐색 |

다. 그때까지 의심 없이 당연하다고 받아들였던 많은 생각들을 점검하고 보류하면서 그는 큰 결단들을 내릴 수 있었다. P는 그때까지 몸담고 있던 직장의 높은 처우에 연연하지 않고 위선과 자기기만에서 벗어날 수 있는 새로운 직장으로 이직을 감행하였다. 입법자가 되는 것이란 스스로에게도 기꺼이 명령할 수 있어야 하고 그것을 책임지고 수행할 수 있어야 한다는 것을 전제한다는 생각에서 P는 지금도 끊임없이 스스로를 점검하고 있다. 필자는 P의 자기 점검을 돕기 위해 니체는 물론이고 키르케고르S. Kierkegaard, 하이데거, 야스퍼스, 사르트르J. P. Sartre의 사유 중 실존적인 주제에 집중해서 실존적 다이얼로그를 진행했다. 가령 사르트르를 다룰 때는 사르트르가 제시한 '철학적 정신분석', '자기의식', '타자', '무화', '즉자대자', '자기기만', '자유' 등을 주제로 서로의 이해를 확인하고 그것이 '나'와 '우리'의 삶에 어떤 의미를 갖는지 토론했다.

## 근본적 피로와 실존적 피로

한병철은 자기착취로 인한 피로의 해결책으로 '사색적 삶'과 '근본적 피로'를 처방한다. 그가 말하는 '근본적 피로'는 성과사회에서 자기착취하는 주체가 빠져든 '부정성의 결핍'과 '과도한 긍정성'에서 유발되는 피로와 다르다.[31] '근본적 피로'는 부정적 힘을 가능하

---

31  한병철, 《피로사회》, 66쪽 참조.

게 하고 "줄어든 자아의 늘어남Mehr des weniger Ich"[32]에서 생기는 것이기 때문이다. 여기서 자아는 신자유주의의 물결에 휩쓸려 자기를 착취하고 그 결과 자아를 스스로 붕괴시키던 그 자아가 이제는 그렇게 줄어든 자아를 초연한 '존재 내맡김의 기예'로서, 다시 말해 '불특정 다수를 의미하는 '그들das Man'의 빈말Gerede과 몰아세움Gestell이 아니라 존재에 가까이 가게 하는 기예로서 '근본적 피로'를 통해 다시 회복시키는 자아다. 일상에서 자아는 시류에 휩쓸려 자기착취에 내몰리고, 내 생각이 아니라 세상 사람들이 피상적으로 하는 빈말을 따라 하며, 자신의 고유한 삶을 망각한 채 '그들'로 산다. 그런 자아가 이제는 일상적 삶에 초연한 채 존재에 가까이 가려고 노력하면서 줄어든 자아를 회복시키려 한다면, 이때의 자아는 '실존'이 되려는 자아라고 볼 수 있다. 그렇다면 한병철이 말한 '근본적 피로'를 실존을 실현하려는 과정에서 겪는 '실존적 피로'로 볼 수 있을까?

'근본적 피로'는 한병철이 작가 한트케P. Handke에게서 빌린 개념이다. 한병철은 '존재 내맡김Gelassen des Seins', '그들의 빈말과 몰아세움Gestell und Gerede des Man'과 같은 하이데거의 개념에 의존해서 근원적 피로에 대해 논한다. 그는 '근원적 피로'를 '무위의 피로'라 칭하면서, 이런 피로를 겪는 때를 '모든 염려에서 해방되는 날'이

---

32  한병철, 《피로사회》, 67쪽. 이 구절은 한병철이 한트케의 다음 책에서 인용한 것이다. P. Handke, *Versuch über die Müdigkeit*, Frankfurt a. M., Surhkamp, 1989, p. 74.

라고 말하기도 한다.[33] 그런데 '근원적 피로'의 이런 성격만으로 그 것을 '실존적 피로'의 일종으로 보기는 힘들다. 실존 실현을 위한 노력의 과정에서 생기는 피로는 '무위의 피로'도 아니고 '모든 염려에서의 해방'도 아니기 때문이다. 실존 실현은 한계상황이라는 고통스런 체험 속에서 참된 자기를 향한 결의와 감행, 비약을 끊임없이 시도해야 하는 것이다. 한병철은 '근원적 피로'를 '놀이의 시간', '평화의 시간', '무차별과 우애의 시간', '어울림의 시간'이라는 점에서 공동체가 함께 경험하는 '치유적 피로'로 규정하기도 한다. 이런 점에서도 '근원적 피로'는 '실존적 피로'와 다르다. 실존적 피로는 개인이 각자 고유한 존재 실현의 과정에서 단독자로서 겪는 처절하고 위태로운 피로이기 때문이다.


## 실존적 피로와 허무주의

전통 형이상학에서는 신과 같은 절대적인 존재를 끌어와 이해의 지평을 무한히 확대한 후 세계와 자기 존재의 의미를 확보하려 했다. 그러나 그때 전제되었던 기독교의 계시신앙은 과학혁명 이후 그 절대적 권위를 상실한다. 화이트헤드A. Whitehead가《과학과 근대세계》에서 밝혔듯, 과학은 이 세계 자체에는 의미도 가치도 목

---

33 한병철,《피로사회》, 72쪽 참조.

적도 없다는 사실을 실증하기 때문이다. 19세기 유럽에서 등장한 허무주의는 이런 배경에서 발생하였다. 그동안 감춰졌던 실존적 공허와 그로 인한 실존적 피로는 허무적 세계 체험에서 극단적으로 표출된다. '신'이라는 방패가 사라진 후 인간은 이제 절망과 불안으로 가득 찬 허무의 바다 앞에 맨몸으로 선다.

## 정서적 허무주의

니체는 허무주의와 실존적 공허가 탈기독교적 세계관을 배경으로 개인의 실존적 체험으로 표출되는 과정을 잘 보여 준다. 가령, 니체의 《즐거운 학문》에는 밝은 대낮에도 햇불을 들고 신을 찾는 미치광이가 등장한다. 그는 사람들이 모인 시장에서 다음과 같이 외친다. "신은 죽었다. 신은 죽어 있다. 그리고 우리가 그를 죽여 버렸다. 살인자 중의 살인자인 우리는 어떻게 우리를 위로할 것인가?"[34] 이 외침은 기독교적 세계관이 떠받치던 절대적인 진리, 삶의 의미와 가치가 무너지고 허무주의적 세계관이 지배하는 시대가 됐으며, 이런 시대를 연 것은 다름 아닌 우리 인간이라는 선언이다. 허무주의 등장 이전 유럽인들은 삶 속에서 체험하는 절망과 고통에 대한 위로를 '전지전능한' 그래서 '절대적인 권위'를 지닌 그리스도교의 신에게서 받았다. 그런 신의 이름으로 기독교는 삶

---

[34] F. W. Nietzsche, *Die fröhliche Wissenschaft*, 1882, Verlag: GRIN Verlag, 2007, p. 154. 원문은 다음과 같다. "Gott ist tot. Gott bleibt tot! Und wir haben ihn getötet! Wie trösten wir uns, die Mörder aller Mörder?"

이 의미 있으며 세상에는 믿고 따를 궁극적 진리가 있다는 확신을 주었다. 그러한 신의 죽음은 신앙에 의해 지지되던 삶의 의미와 세상의 진리가 붕괴된 상태를 의미한다. 신의 죽음은 허무의 도래인 것이다. 이 상황에서 인간은 불안과 공허, 삶의 무게와 고통을 홀로 견뎌야만 했다. 삶 자체가 주는 피로에다 허무로 인한 피로가 더해진 것이다.[35]

레긴스터B. Reginster는 니체가 파악한 허무주의를 "철학적 주장"[36]이라고 평가한다. 레긴스터의 이런 평가에 대해 크리시K. Creasy는 니체의 허무주의를 "의미와 가치에 대한 특별한 믿음을 포함한" 하나의 "인지적 현상cognitive phenomenon"으로만 이해한 결과라고 비판한다. 크리시는 니체의 허무주의의 전체적인 성격을 평가하기 위해 니체가 허무주의를 "감정에 기초한 현상"[37]으로 묘사했다는 점에 주목한다. 크리시는 니체가 허무주의를 단지 하나의 철학적 세계관으로뿐만 아니라 한 개인이 세상에 대해 부정적인 태도를 취함으로써 겪는 '피로나 권태'로도 자주 묘사했다는 사실에 주목한다. 그러면서 욕동drive과 정동affect의 관계에 대한 니체의 해석

---

35 《즐거운 학문》을 발표한 2년 후 니체는 그 확장판이라 할 수 있는 《차라투스트라는 이렇게 말했다》를 발표한다. 이 책에서 니체는 신의 도움 없이 자기 한계를 넘어 자기를 고양하는 새로운 인간형으로 '극복인Übermensch'을 제시한다. 극복인은 허무주의에 대한 니체의 처방전인 셈이다.

36 B. Reginster, *The Affirmation fo Life*, Cambridge, Havard University Press, 2006, p. 39.

37 K. Creasy, "On the Problem of Affective Nihilism", *JOURNAL OF NIETZSCHE STUDIES*, Vol. 49, No. 1, 2018, p. 31.

에 근거해서 절충적인 입장을 제시한다. 즉, 니체가 허무주의를 '삶의 가치와 의미에 영향을 주는 특정한 믿음'이라는 하나의 인지적 현상으로 파악한 것도 사실지이만, 다른 한편으로 당시 유럽 사회가 겪던 허무주의를 욕동과 정념의 관계에서 발생하는 각 개인들의 정서 상태까지도 대변하는 것으로 이해했다는 것이다. 크리시는 인간의 정서 상태를 대변할 때의 허무주의를 "정서적 허무주의affective nihilism"라 칭하고, 나아가 이 허무주의가 야기할 병리적 상태를 다음과 같이 묘사한다. "니체에 따르면 정서적 허무주의는 누군가 활동적이고 효과적으로 행위할 능력을 상실한 상태다. … 이러한 상실은 누군가 세계 속에서 가치를 발견할 능력이 없는 것과 같은 가치 정위의 붕괴로 이어질 수 있다."[38]

이 정서적 허무주의는 니체의 《도덕의 계보》 III장 13 · 14 · 19 · 20에 자주 등장하는 "탈진Ermüdung", "피로Müdigkeit", "따분하고 마비적인 장기적 고통 상태dumpfe lahmende lange Schmerzhaftigkeit"[39], "구토Ekel" 등의 개념에서 확인된다. 또한 《비극의 탄생》 중 "자기 비판의 시도"에서도 허무주의적 태도는 "삶으로 인한 구토와 권태"로 묘사된다. 여기서도 정서적 허무주의가 확인되는 것이다. 《차라투스트라는 이렇게 말했다》 III장에 등장하는 '무게gravity에 사로잡힌 정신'은 허무주의적 성격의 개인의 상태에 대한 은유다.

---

[38] K. Creasy, "On the Problem of Affective Nihilism", 이상 p. 44.

[39] K. Creasy, "On the Problem of Affective Nihilism", p. 36.

이런 정신은 가벼움과 탄력성과 회복력을 지닌 사람의 성격적 특성과 대조된다.[40] 정서적 허무주의를 체험한 이들에게 이 세계는 '피로를 양산하고 구토를 유발하며 의미 없는 것'으로 철학적이고 인지적으로 이해된다.[41]

앤더슨L. R. Anderson은 니체가 허무주와 관련하여 부각시킨 느낌과 감정을 일반적인 감정과 구분되는 '고차적 정동higher order affects'으로 분류하고, 이것을 "전반적 분위기global moods"[42]라 칭한다. 일반적인 정동은 순간순간 흘러가고 변할 수 있지만, 고차적 정동은 지속적이면서 누군가의 존재에 침투하여 그가 자신과 세계를 만나는 방식을 형성하기 때문이다. 그런데 주지하듯 니체에게 허무주의에 대한 분석은 개인이 겪는 정서적 체험에 대한 서술일 뿐만 아니라 문명비판이다.[43] 이런 점에서 '탈진', '피로', '따분하고 마비적인 장기적 고통 상태', '구토' 등 고차적 감정은 한 개인의 존재에 침투하여 지속적으로 그에게 영향을 줄 뿐만 아니라, 그런 사람들 각자의 실제 삶의 체험을 지배하는 시대적 분위기이기도 한 것이다. '탈진', '피로', '따분하고 마비적인 장기적 고통 상태', '구토' 등은 개인에게는 '활력'보다는 '피로'의 형태로 나타난다. 이런

40  K. Creasy, "On the Problem of Affective Nihilism", 이상 p. 36, p. 37 참조.

41  K. Creasy, "On the Problem of Affective Nihilism", p. 38 참조.

42  L. R. Anderson, "What ist a Nietzschean Self?", in *Nietzsche, Naturalism and Normativity*, ed. Christopher Janaway and Simon Robertson, New York, Oxford University Press, 2002, p. 227.

43  M. Andren, "Nihilism and Resposibility in the Writings of Karl Jaspers", in *European Review*, Vol. 22, No. 2, 2014, p. 210.

일련의 현상들을 니체가 '실존적 피로증후군'이라고 명시하지는 않았다. 그러나 허무주의라는 고차적 정동이 지속적이면서 특정한 개인의 존재에 침투하여 그가 자신과 세계를 만나는 방식을 형성한다면, 그때 그 개인이 겪는 '탈진', '피로', '따분하고 마비적인 장기적 고통 상태', '구토' 등은 앞서 필자가 의미의 진공상태에 초점을 맞추어 살펴본 실존적 증후군으로 분류할 수 있을 것이다. '허무주의'는 개인에 초점을 맞춘 '의미의 진공상태'나 '부조리', '무의미'를 시대정신으로 확장한 명칭으로 볼 수 있기 때문이다. 다시 말해, 니체는 실존적 피로증후군의 근본 원인을 개인의 체험에서만 찾지 않고 존재사적 차원에서 찾은 것이고, 그것이 허무주의라는 시대 진단으로 나타난 것이다. 이런 접근 방식을 고려해서 피로를 다룬다면, 피로에 대한 철학적 처방은 개별적이면서도 동시에 근원적이고 전체적인 성격을 지닐 수 있을 것이다.

## 깊은 권태

'탈진', '구토', '무게', '따분함' 같은 '실존적 피로증후군'을 허무주의라는 지평에까지 확장하여 탐구함으로써 개인의 실존적 피로의 시대적 배경과 존재론적 근원을 밝힌 것은 니체만이 아니다. 하이데거 역시 근대 이후 우리 시대를 '허무주의Nihilismus'가 지배하는 시대로 규정하며, 이 시대 인간을 지배하는 근본기분에 대해 분석한다. 허무주의 시대는 도처에서 불안 · 공허 · 권태가 지배하고, 실존의 의미는 물론이고 존재 일반의 참된 의미가 상실된 존재망각의 시대다. 실존적이고 존재론적 차원에서 밝혀진 권태, 불안 등 근본기분은 '나'의 일시적이고 특정한 감정이 아니라 나의 존재(실존)와 나의 세계, 나를 둘러싼 존재 일반의 의미를 근본적으로 묻고 그 대답을 찾는 '열어보임'(개시성)이다.[44] '깊은 권태'는 참된 자기를 향한 열어보임이 '피로'로 체험된다는 사실을 가장 잘 보여준다.

　일단 권태라는 기분은 나를 일상으로부터 거리를 두고 멈춰 세운다. 이전처럼 일상에서 활력이나 기쁨을 느끼지 못하고 멈추어 섰다는 점에서 권태는 '피로'라는 부정적인 현상으로 나를 지배하는 것처럼 보인다. 그런데 권태는 타인과 차별성 없는 '그들das Man'로 살아가던 현존재가 고유하고 본래적인 자기 존재를 사유할 수 있는 계기가 되기도 한다. 하이데거는 권태로 인한 이런 변화를 다음과 같이 기술한다. "내 것 네 것으로서의 이름, 신분, 직업, 역할, 나이 그리고 수완 따위가 우리에게서 떨어져 나가고 있다. 좀 더 분명히 말해서 바로 이러한 '누군가는 지루하다Es ist einem langeweilig'가 그 모든 것을 떨어져 나가게 하고 있다."[45] 여기서 '누군가는 지루하다'는 문장은 누군가 "깊은 권태tiefe Langweile"를 체험하고 있음을 의미한다.

44　M. Heidegger, *Sein und Zeit.* 15. Aufl. Tübingen: Max Niemeyer, 1986, p. 135 이하.

45　M. Heidegger, *Grundbegriffe der Metaphysik; Welt-Endlichkeit-Einsamkeit*, Gesamtausgabe, II Abteilung: Vorlesungen 1923-1944, Bd. 29/30, VITTORIO KLOSTERMANN, Frankfurt a. M., 1983, 203쪽. ***"[...]"는 논자가 첨가. ***

깊은 권태는 즐길 거리로 피할 수 있는 '일상적 권태'와는 다르다. 누군가 깊은 권태에 빠지면 세상일이나 흥밋거리로 시간을 죽이는 일도 '힘없이machtlos' 된다. 나의 시선이 세상일이나 흥밋거리에서 권태로움을 느끼는 순간 나는 거기서 떨어져 혼자가 된다. 일상에서 중요시되며 나의 생활을 추동하던 것들이 권태감 속에서 의미나 가치를 잃는다. 나를 둘러싼 모든 것이 공허하고 '이래도 저래도 상관없는gleichgültig' 것으로 느껴진다. 이때 현존재는 세상의 어떤 일에도 의욕을 잃을 채 무기력하고 피곤해 보인다. 그런 내가 눈에 잡힌다. 이제 내 눈의 중앙에 고독하고 풀죽은 나의 존재가 나타난다. 권태는 이로써 '자기답게 사는 데 필요한 일을 하지 않고'[46] 무차별적인 그들로 살아가던 현존재를 자기 자신의 존재 앞으로 불러 세우는 계기가 된다.[47] 즐길 거리로 피할 수 있는 일상적 권태와는 다른 '깊은 권태'를 우리는 이런 의미에서 '실존적 권태'라 칭할 수 있다.

.....

[46] '자기답게 사는 데 필요한 일을 하지 않은 상태'를 하이데거는 '비성Nichtigkeit'이라 칭한다.

[47] 현존재가 불안이나 권태 등 근본기본에 의해 비성을 느낀다는 것은 자기 존재에 대한 죄책Schuld을 느낀다는 의미다. 이것은 '양심의 부름Ruf des Sein'으로 나타난다. 이에 대해서는 《존재와 시간》 제58절 '양심의 부름' 참조.

피상적 피로와 실존적 피로: 철학상담 대상 탐색 |

# 실존적 피로와 철학상담

이상에서 필자는 노동이나 운동으로 인한 '현실적 피로'나 특정한 관점의 구성물에 가까운 '피상적 피로'와 구별되는 '실존적 피로'에 대해 살펴보았다. '실존'의 문제와 관련해서 지금까지 사람들은 주로 '실존적 불안'에 주목했다. 빈스방거L. Binswanger · 얄롬I. D. Yalom · 프랭클 · 메이R. May 등의 불안에 대한 실존적 해석은 불안을 부정적으로만 보던 관점에서 벗어나, 그것을 참된 자기실현의 계기로 보게 했다. 그런데 불안에 대한 이런 긍정적 해석은 그것을 겪는 과정 자체의 힘겨움을 간과하게 할 수 있다. 실존적 불안을 겪는 사람들 중 과연 몇이나 그것을 계기로 참된 자기를 실현할까? 대다수는 그것이 실존적 불안이라는 사실도 모른 채 고뇌하다 지치고, 그러다 일상으로 돌아와 참된 자기실현에서 멀어지는 것은 아닐까? 이 경우 실존적 불안 체험은 '실존' 실현의 계기가 아니라 '불안'으로만 체험되고, 이런 불안 체험은 '피곤하고 위험한 체험'으로 기억되기 쉽다. 이들에게 참된 자기실현이라는 목표는 너무 멀다. 실존을 실현할 수 있으려면 다양한 피로증후군의 형태로 덮쳐 오는 피로를 우선 돌파해야 한다. 이런 점을 고려할 때 '실존적 불안'은 단지 '불안'이라는 범주에서가 아니라, 이를 포괄하는 '실존적 피로'의 틀에서 다룰 필요가 있다.

그런데 실존적 체험을 뚜렷하게 하지 않거나 실존적 차원을 무시하는 이들에게는 '실존적 피로'라는 것도 실제 삶과 유리된 철학적 개념에 불과하며, 그런 의미에서 '피상적 피로'로 보일 수도 있다. 우리는 프랭클의 임상 보고를 통해 실존적 공허와 그로 인한 피로를 겪는 이들이 실재한다는 사실을 확인했다. 한지윤과 강보선은 대학생을 대상으로 한 의미충족도 조사 결과 병리학적으로 비정상 수준에 이른 대학생 비율이 33.3퍼센트(1992년 기준)에 이른다는 연구 결과를 근거로 실존적 공허를 "인간의 보편적인 현상"[48]으로 이해한다. 필자는 "직장인 P의 실존적 피로"에서 그것이 실재하며, 철학적으로 해결될 수 있다고 보고했다.

아헨바흐G. B. Achenbach는 철학상담의 목표를 "활력을 불어넣어 도약하게 돕는 일"[49]로 규정한다. 실존적 피로에서 벗어나 활력을 얻고 실존에로 도약하게 내담자를 돕는 일도 철학상담의 목표에 상응한다. 즉, 철학상담사가 내담자가 실존적 피로증후군을 체험할 때 그것이 갖는 의미를 조명해 주며 그가 실존적 피로증후군을 실존 실현의 계기로 삼을 수 있게 돕는다면, 내담자의 실존적 피로를 근원적으로 해소하는 데 도움을 줄 수 있을 것이다. 내담자의 실존적 피로를 구체적으로 어떤 방법과 절차에 따라 다룰지에 대한 논의는 다음을 기약한다. 다음 논의에서는 프랭클의 로고테라피 임상 사례도 참조할 수 있을 것이다. 유머와 아이러니를 사

---

[48] 한지윤 · 강보선, 〈실존적 공허에 대처하기 위한 빅터 프랭클의 자생교육론〉,《한국교육학 연구》제21권 제4호, 2015, 91쪽.

[49] G. B. Achenbach, *Philosophische Praxis, Schriftenreihe zur Philosophischen Praxis*, Bd. I, Köln, 1987, 7쪽.

용하는 '역설지향Paradoxe Intention', 과도한 집중과 숙고를 중지하는 '탈성찰Dereflexion', 삶에 대한 특정 태도나 기대를 변경하는 '입장 조정Einstellungsmodulation', 입장조정에 함께 사용될 수 있는 '소크라 테스적 대담Sokratischer Dialog'과 같은 프랭클과 그의 후계자들이 사용한 방법도 참조가 될 것이다.[50] 야스퍼스는 소크라테스적 대담의 핵심을 대화 상대방에게 정답이 아니라 그 방향을 지시해 스스로 문제를 해결할 수 있도록 돕는 일이라 했다. 이런 철학함을 '형식적 지시'라 한다. 하이데거는 야스퍼스의 철학함의 특징 역시 소크라테스와 같은 '형식적 지시'[51]라 칭한다. 이는 하이데거 철학함의 원칙이기도 하다. 이런 점에서 볼 때 로고테라피에서 사용하는 소크라테스적 대담은 야스퍼스와 하이데거의 철학함과 같은 방법으로 분류할 수도 있겠다.

50  김정현, 〈로고테라피와 실존분석의 임상방법 및 철학상담에서의 함의〉, 39~47쪽 참조.
51  이진오, 〈하이데거의 현존재분석론과 형식적 지시에 근거한 상담-치료〉, 《의철학연구》 제31집, 2021, 67~99쪽.

# 참고문헌

강지은, 〈피로사회 담론의 주체성과 탈근대적 주체성 분석〉, 《시대와 철학》 제 28권 3호, 2017.

강수돌, 〈성과사회, 자기착취, 그리고 피로사회〉, 《진보평론》 제52집, 2012.

김선희, 〈'피로사회'에 나타난 주체들의 병리적 유형화와 치료적 접근: 미메시스 개념과의 관계를 토대로〉, 《철학연구》 제107집, 2014.

김정현, 〈로고테라피와 실존분석의 임상방법 및 철학상담에서의 함의〉, 《철학논구》 제120집, 2011.

알베르 카뮈, 《시지프 신화》, 김화영 옮김, 책세상, 2009.

이진오, 〈하이데거의 현존재분석론과 형식적 지시에 근거한 상담-치료〉, 《의철학연구》 제31집, 2021.

정용수, 〈호모루덴스로 살펴보는 인간 규정〉, 《대동철학》 제82집, 2018.

하종수 · 최희봉, 〈성과사회와 철학적 병: 샌델의 정의론으로 치유하기〉, 《인문과학연구》 제55집,

한병철, 《피로사회》, 김태환 옮김, 문학과지성사, 2012.

한지윤 · 강보선, 〈실존적 공허에 대처하기 위한 빅터 프랭클의 자생교육론〉, 《한국교육학 연구》 제21권 제4호, 2015.

프랭클 · 크로이저, 《태초에 의미가 있었다: 정신분석에서 로고테라피에로》, 김영철 옮김, 분도출판사, 2006.


Achenbach G. B., *Philosophische Praxis, Schriftenreihe zur Philosophischen Praxis*, Bd. I, Köln, 1987.

Anderson, L. R., "What ist a Nietzschean Self?", in *Nietzsche, Naturalism and Normativity*, ed. Christopher Janaway and Simon Robertson, New York, Oxford University Press, 2002.

Andren M., "Nihilism and Resposibility in the Writings of Karl Jaspers", in *European Review*, Vol. 22, No. 2, 2014.

Böhme H., "Das Gefühl der Schwere: Historische und phänomenologische Ansichten der Müdigkeit, Erschöpfung und verwandter Emotion", in *figulation*, Vol. 16, Zürich, 2015.

Byung-Chul Han, *Duft der Zeit. Ein philosophischer Essay zur Kunst des Verweilens.* Transcript, Bielefeld, 2009.

Danieli, E., "Gedanken zur Müdigkeitsgesellschaft", in *Editores Medicorum Helveticorum*, Vol. 92, 2011.

Heidegger M., *Sein und Zeit.* 15. Aufl. Tübingen: Max Niemeyer, 1986.

Heidegger M.,, *Grundbegriffe der Metaphysik; Welt-Endlichkeit-Einsamkeit*, Gesamtausgabe, II Abteilung: Vorlesungen 1923-1944, Bd. 29/30, VITTORIO KLOSTERMANN, Frankfurt a. M., 1983.

Jaspers K., *Philosophie II–Existenzerhellung*, Berlin, Springer Verlag, 4. Auflage, 1973.

Frankl, V. E., *Man's Searching for Meaning*, London, Rider, 2004.

Creasy K., "On the Problem of Affective Nihilism", in *JOURNAL OF NIETZSCHE STUDIES*, Vol. 49, No. 1, 2018.

Handke P., *Versuch über die Müdigkeit*, Frankfurt a. M., Surhkamp, 1989.

Nietzsche F. W., *Die frohliche Wissenschaft*, 1882, Verlag: GRIN Verlag, 2007.

Reginster B., *The Affirmation fo Life*, Cambridge, Havard University Press, 2006.

Stelter R. & Böning U., *Coaching als mitmenschliche Begegnung: Kunst zur Verweilen*, Springer Wieweg, Wiesbaden, 2019.

# 피로와 행복

| 홍경자 |

이 글은 〈철학상담 관점에서 바라본 행복의 의미와 긍정성의 과잉 문제〉, 서강대학교 철학연구소, 《철학논집》, 제42집(2015); 〈'치유의 행복학': 아픈 영혼을 철학으로 치유하기─철학교육과 함께 하는 철학집단상담〉, 서강대학교 철학연구소, 《철학논집》, 제48집(2017)에 게재된 두 개의 원고를 수정 보완한 것이다.

# 들어가는 말

오늘날 한국 사회는 인생의 걸림돌에 걸려 넘어져 스스로 불행하다고 느끼는 사람들로 넘쳐나고 있다. 최근 보도에 따르면 한국인의 행복지수는 OECD 34개 국가 중 33위, 복지충족지수는 31위로 최하위권에 머물러 있다. 이 통계 결과에 따르면 한국인 2명 중 1명이 행복을 느끼지 못하고 있으며, 이러한 낮은 행복감이 한국 사회의 높은 자살률로 이어지고 있는 것으로 분석된다. 물론 이러한 현상은 비단 한국인에게만 국한된 것은 아닐 것이다. 한국인이 느끼는 불행지수가 다른 나라에 비해 비정상적으로 높은 건 사실이지만, 이러한 현상은 전 세계적 추세라고 해도 지나친 말이 아니다. 이를 증명하듯이 서구에서는 자기계발 분야의 권위자들이 앞다투어 "긍정적인 심리 조절이나 윤리적인 훈련"[1]을 통해서 행복해질 수 있다는 저마다의 처방과 진단을 출판 시장에 쏟아 내고 있다. 이런 시류는 행복에 관한 실증적인 연구가 서구에서 본격화되는 서막일 뿐만 아니라, 바야흐로 행복의 시대를 여는 신호탄이 되고 있다.

최근 프랑스 생물학자 꾸떼J. Y. Couteau가 처음 사용하면서 알려진 'Bonheurologie'(행복학)는 의학, 심리학, 사회학, 정보학 등 현대과학이 총동원된 융합학문으로서 '행복의 법칙성'을 연구하는

---

1 파스칼 브뤼크네르, 《영원한 황홀》, 김웅권 옮김, 동문선, 2001, 67쪽.

경험과학으로 급부상하고 있다.[2] 그런데 행복학에서 드러나는 문제점은 행복을 저해하는 요소인 '고통'과 '불행'을 반드시 제거되어야 할 대상으로 간주하여 행복을 지상 최대의 인생 목표이자 과제로 제시하고 있다는 점이다. 물론 인간이면 누구나 행복해지기를 바란다는 점에서 인간의 행복을 체계적으로 탐구하는 것은 분명 환영할 만한 일이다. 그러나 어떤 방식으로 접근해야 하는지에 대한 논쟁은 여전히 뜨거운 감자이다. 왜냐하면 인간의 행복을 제1목표로 삼고 있는 대부분의 행복학이 과도하게 행복 자체에만 집착함으로써 오히려 행복이 의무가 되고 강요가 되는 기이한 현상에 사람들이 시달리고 있기 때문이다. 이러한 현상은 근대 이래로 '행복강박증'을 불러오는 '부작용'과 '역기능'을 발생시키는 원인이 된다고 부뤼크네르P. Bruckner는 주장한다.[3]

이러한 문제의식에서 출발하는 이 글은《행복의 역습》을 쓴 드워킨R. W. Dworkin의 지적대로 현재의 행복학 연구 대부분이 무엇보다도 진정한 행복이 아닌 '인공행복artificial Happiness'을 증진하는 데에 초점이 맞춰져 있다는 비판에 동의하면서, 현대과학이 총동원된 융합학문으로서의 행복학이 독립된 하나의 학문 분야로 제대로 성장하기 위해서는 참된 행복의 조건이 무엇인지, 그 철학적 논의가 선행되어야 함을 강조하고자 한다. 행복 추구는 모든 인간의

2  Airane. Barth, "Ein Hauch, ein Fluß, ein Schweben Spiegel-Rdeakteurin Ariane Barth über die Erforschung des Glücks", *Der Spiegel* 53, 1992, 56~74쪽 참조.
3  파스칼 브뤼크네르,《영원한 황홀》, 12쪽 참조.

삶에 불가피한 요소이므로 기존의 실증주의적 관점을 넘어 행복을 추구하는 모든 노력을 철학적 차원으로 통합하여 행복의 비밀과 불행의 근본적인 본질을 밝혀 내는 일이 논리적으로 타당할 뿐만 아니라, 학문적으로도 독립된 연구 분야로 제대로 성장할 수 있는 토대를 제공할 수 있다.

행복을 논하기에 앞서, 우선 현대인의 우울과 불행이 어디에 연원하고 있는지 추적해 볼 필요가 있다. 이 글은 현대인의 우울과 불행을 긍정성의 과잉으로 인한 '피로Müdigkeit'에서 찾고, 철학상담적 관점에서 어떻게 불행을 극복할 수 있는지, 그 방안을 모색해 보고자 한다. 이때 철학상담에서 중요하게 간주하는 것은 정신적으로 어려운 상황에 있는 내담자가 '어떻게' 하면 행복해질 수 있는가에 대한 구체적인 '방법'을 제시하기보다는 행복에 대하여 '올바르고 공정한 시각'을 갖게 하는 것이다. 자신과 세계를 바라보는 일면적인 시각이 바뀌면 자신이 처한 현실이 견딜 수 없이 고통스럽고 아프지만, 그럼에도 불구하고 행복한 삶도 가능하다는 '행복의 역설'을 이해할 수 있기 때문이다.

물론 철학상담에서 말하는 '행복'은 셀리그만M. Seligman이 창시한 '긍정심리학'에서의 행복 개념이 아니다. 행복의 법칙과 행복 증진의 방법을 실증적으로 분석하는 긍정심리학은 과거의 심리학이 심리적 결함과 장애 등 부정적 측면에만 관심을 집중해 왔다는 점을 반성하면서 인간의 긍정적 측면을 과학적으로 탐구하여 인간의 행복과 성장을 지원한다.[4] 이에 반해 철학상담은 진정한 행복이 무엇인지에 대한 철학적 논의를 통해 정형화된 행복에 대한 관점 변화를 시도함으로써, 내담자 스스로 불행한 사건을 극복할 수 있는 저항력을 키워 내적인 성장을 이루도록 지원한다. 이 말은 철학상담이 내담자에게 긍정적인 사고를 독려함으로써 문제의 실마리를 찾는 것도 중요하다고 판단하지만, '긍정성'에 대한 가치를 지나치게 강조함으로써 오히려 '행복해야 한다'는 강박관념에 시달릴 수 있는 부정적인 측면에도 주목한다는 뜻이다. 왜냐하면 긍정성이 과잉된 사람은 미래에 대한 긍정적 믿음만을 유지하는 데 총력을 기울인 나머지, 스스로 도저히 인정하기 어려운 불행한 상황이 닥쳤을 때 미처 대처할 준비가 되어 있지 않아 고통을 더 뼈아프게 느낄 수 있기 때문이다.[5] 물론 그렇다고 해서 이 글이 '긍정성'이 지닌 이점을 무시하거나 부정한다는 뜻은 결코 아니다. 다만 오늘날의 추세가 긍정성의 가치를 너무 지나치게 강조하고 맹목적으로 신뢰하다 보니, 사람들이 '행복하려면 긍정적으로 사

---

4  마틴 셀리그만,《긍정심리학》, 김인자 옮김, 물푸레, 2009, 9~34쪽 참조. 긍정심리학은 개인과 조직, 사회에서 일어나는 기쁘고 좋은 일을 더 오랫동안 지속할 방법과 힘들고 나쁜 일들을 극복할 방법을 제시한다. 그 방법은 긍정심리학의 5가지 요소인 긍정 정서, 몰입, 삶의 의미, 긍정 관계, 성취와 이들의 기반이 되는 성격 강점 등이다. 긍정심리학은 이 5가지 요소들을 과학적으로 연구해서 인간 내면의 긍정적 정서와 강점 특성을 개발하도록 도와 활짝 꽃피우게 하는 플로리시Flourish, 즉 행복의 만개를 지원하는 학문으로서 내면의 긍정심리를 확장해 기쁨과 만족을 느낌으로써 역경을 이겨 내게 하고, 스스로 행복을 만들어 갈 수 있도록 돕는다. 결국 긍정심리학에서 규정하는 행복감은 유전자와 삶의 환경, 확고한 의지가 어우러진 결과이다.

5  올리버 버크만,《합리적 행복》, 정지인 옮김, 생각연구소, 2013, 53쪽 참조.

고해야 한다'는 강박에 시달리게 되고, 그 결과 본의 아니게 인간의 사고가 한쪽으로 치우친 나머지 기형화되는 현 상황을 전반적으로 검토하고 그 근본 원인이 무엇인지 비판적으로 점검해 보자는 의미이다.

그런 점에서 행복이란 긍정적 감정뿐만 아니라 부정적 감정까지도 수용하는 포괄적인 개념으로 이해될 필요가 있다. 부정적 감정을 배제하고 긍정적 사고만을 강조하는 행복론의 가장 큰 맹점은 해결하기 힘든 삶의 다양한 문제들을 오직 몇 가지 처방이나 실천 계획으로 무리하게 해결하려는 '성급함'에 있다.[6] 이런 문제점을 직시하는 이 글은 내담자가 자신의 현실이 무엇인지 제대로 직면하도록 이끎과 동시에, 인생이란 전혀 문제없는 삶이어야 한다는 통념에서 벗어나 오히려 '불행과 행복의 복합체'로 이루어져 있다는 사실을 자각하게 함으로써 자신의 문제를 해결할 수 있도록 독려하는 데 주안점을 둔다. 버크만O. Burkeman의 주장대로 불행한 사건은 그 자체로 부정적인 것이 아니라 그저 하나의 사건에 불과하며, 그 사건이 고통을 수반하는 것은 궁극적으로 우리의 판단이 개입되어 스스로 그 사건에 반응함으로써 우리에게 주어지는 것에 지나지 않기 때문이다.[7] 그러므로 이 글은 우선 진정한 의미의 행복에 관한 정의와 그 조건에 대해 해명한 뒤, "낙관주의의

---

6 올리버 버크만,《합리적 행복》, 23쪽 참조.
7 올리버 버크만,《합리적 행복》, 52~53쪽 참조.

숭배"[8]라고도 불리는 긍정성의 과잉 혹은 고통을 허용하지 않는 긍정성의 집착이 어떤 측면에서 자신을 불행으로 내모는지를 살펴볼 것이다. 그 다음, 철학상담이 긍정심리학과는 달리 행복을 어떻게 치유의 한 방편으로 적용하고 이용할 수 있는지, 그 가능성에 대해 모색할 것이다.

## 의무가 되어 버린 행복?

인간이면 누구나 행복한 삶을 살길 원한다. 세네카L. A. Seneca는 이러한 인간의 열망을 '인간 본연의 자연스러운 욕구'라고 규정한다.[9] 그러나 인간이 행복을 추구하지만, 그가 발견한 것이라고는 오직 "고뇌와 죽음뿐"이라는 파스칼B. Pascal의 절망적인 말처럼[10] 안타깝게도 행복의 열망은 쉽게 충족되지 않는다는 데 문제가 있다. 그래서 인간은 더더욱 간절하게 행복을 열망하는지도 모른다. 인류 역사를 돌아보면, 대다수 보통 사람들은 가난과 궁핍에 찌들어 굶주림과 질병의 고통에 시달려 왔으며, 전쟁으로 혹사당하고 짓밟혀 왔다. 실패가 일상사이고 행복과는 거리가 먼 삶으로 점철

8 Peter Vernezze, *Don't Worry, Be Stoic: Ancient Wisdom for Troubled Times*, 2005, XX.
9 루키우스 안나이우스 세네카, 《세네카의 행복론, 인생이 왜 짧은가?》, 천병희 옮김, 숲, 2005, 166쪽 참조.
10 블레즈 파스칼, 《팡세》, 홍형민 옮김, 삼성출판사, 1994, 단장 437, 200쪽

되어 온 인류 역사를 본다면, "인간을 행복하게 하려는 의도는 천지창조 계획에 포함되어 있지 않다"[11]는 프로이트S. Freud의 선언은 행복을 열렬히 지지하는 사람에게는 잔인하게 들릴지 모르겠지만 일면 타당한 주장이라는 것도 부정할 수 없는 사실이다. 그러나 지금의 시대는 예전에 비해 물질적인 풍요를 이루었고, 생존에만 급급했던 과거와 달리 행복의 기본 필요조건이 어느 정도 충족된 상태이다. 그런 점을 고려한다면, 현대인의 행복감은 분명 증진되어야 할 것이다. 하지만 이러한 물질적 풍요에도 불구하고 현대인들에게 '지금 당신은 행복하십니까?'라고 물으면, 그들 대부분은 선뜻 행복하다고 자신 있게 말하기를 주저한다. 왜 그럴까? 물질적인 풍요도 인간이 추구하는 궁극적인 행복의 조건이 아닌 것일까? 그렇다면 도대체 행복은 무엇이며, 우리는 어디에서 행복을 찾을 수 있는 걸까?

행복의 어원을 살펴보면, 행운을 뜻하는 독일어 Glück은 고대에 경외와 두려움이라는 이중의 의미를 지닌 그리스어 Tyche, 라틴어 Fortuna, 즉 행운의 여신에서 유래되었으며, 중세에도 그 의미가 그대로 이어져 어떤 일의 우연한 결과를 뜻하는 것으로서 유리하다는 뜻뿐만 아니라 불리하다는 뜻을 동시에 지녔다.[12] 그러

---

11  지그문트 프로이트, 《문명 속의 불만》, 김석희 옮김, 열린책들, 1997, 257쪽.

12  Willhelm Schmid, Glück, *Alles, was Sie darüber wissen müssen, und warum es nicht das Wichtigste im Leben ist*, 14. Aufl. Frankfurt am Main/Leipzig, 2015, 10; 빌헬름 슈미트, 《살면서 한번은 행복에 대해 물어라》, 안상임 옮김, 더좋은책, 2012, 19 참조. 이하 GK로 원

나 현대에 와서는 행복이 지닌 이러한 이중적 의미는 사라지고 긍정적인 의미만 남게 된다.[13]

두 번째 행복의 어원은 그리스어 makariótes, 라틴어의 felicitas에 해당하는 '기쁨을 추구하는 행복'이다.[14] 이 개념은 로크J. Locke가 처음으로 '인간이 행복을 추구하고 고통을 혐오하는 것은 천성이며, 행복이란 최대한의 쾌락이다'라고 정의함으로써 오늘날까지 일상적이고 보편적인 의미로 사용되고 있다. 독일어 사전《두덴Duden》에서도 행복의 개념을 "원하는 것을 소유하거나 향유할 때 생기는 즐겁고 평온한 마음으로 내적인 만족과 기쁨이 고조된 상태"[15]라고 정의하고 있다.

물론 소망이 이루어지고 욕구가 충족되는 긍정적인 삶의 감정이 행복에 이르는 하나의 길일 수는 있겠지만, 그렇다고 그 길이 유일한 길은 아니다. 만일 행복이 이처럼 욕구 충족에 따른 일시적인 감상적 과잉감정에 지나지 않는다면, 사람들은 고단한 현실을 잊기 위해 의사가 처방한 약물에 의존하여 강제로 인위적인 행복감을 맛볼 수도 있을 것이다.[16] 효과적인 측면에서 본다면 약물요법은 심리요법보다 훨씬 개인차가 적고 더 확실하게 인간이 행

........................

    문 표기, 원문 쪽수/번역문 쪽수 순으로 표기함.

[13]  Willhelm Schmid, *GK*, 10/19 참조.

[14]  Willhelm Schmid, *GK*, 17/34.

[15]  *Duden*, 7. Aufl. Mannheim/Leipzig/Wien/Zürich, 2007 참조.

[16]  헤르베르트 마르쿠제,《마르쿠제의 행복론》, 황문수 옮김, 범우사, 1988, 23쪽 참조.

복감을 느낄 수 있도록 적극적으로 도울 수 있다. 오늘날 경험과 학으로서의 행복학이 바로 여기에 몰두하고 있다. 그러나 약물에 의존하여 일시적으로 획득한 인공행복을 우리는 과연 진정한 행복이라고 말할 수 있을까? 약물로 누릴 수 있는 온갖 행복은 아주 짧은 동안이며, 약물에서 깨어난 뒤 우리를 기다리고 있는 것은 조금도 변하지 않은 불행한 일상과의 마주함이다.

세 번째 행복의 어원은 그리스어로 eudaimonia, 라틴어로 beatitudo로 쓰이는 행복의 지속성이 강조되는 유일한 행복으로서의 '철학적 행복'이다.[17] 이 행복은 순간이 아니라 시간을 전체적으로 포괄하는 지속적이며 유일한 가능성으로 이해된다. 일찍이 고대 그리스 철학자들에게 행복은 매우 중요한 철학적 주제였다. 플라톤 · 아리스토텔레스 · 세네카 등은 행복을 상이하게 규정하고 있기는 하지만 그들에게 공통된 점은 행복을 '윤리'의 문제와 직접적으로 연결하여 이해했다는 것이다. 선함이 곧 행복의 문제이며 선한 삶이 곧 행복한 삶이라는 점에서 최상의 행복은 '최고선'과 일치한다. 소크라테스는 모든 것의 훌륭한 상태는 바로 '덕areté'의 작용이며, 이 덕의 핵심은 "짜임새와 질서"[18]라고 보았다. 이러한 질서의 원리가 바로 '절제'이며, 절제 있는 영혼은 훌륭하다는 것이다. 소크라테스는 절제 있는 영혼을 가진 사람이란 다른 덕들, 즉 정의

---

17　Willhelm Schmid, *GK*, 28/54 참조.
18　플라톤,《고르기아스》, 김인곤 옮김, 이제이북스 2004, 505c.

· 용기 · 경건도 함께 가지게 되므로 훌륭한 사람일 수밖에 없으며, 훌륭한 사람은 훌륭한 행위를 하게 되므로 행복한 삶을 살 수밖에 없다는 식의 논리를 전개하고 있다.[19]

이와 달리 아리스토텔레스는 "만물 가운데 가장 아름답고도 가장 좋으면서 가장 즐거운 것"을 행복으로 규정한다. 그에게 행복은 "좋은 영혼의 활동"으로서 "완전한 것"이며, 인생 전반에 걸친 인간의 총체적인 덕의 실현에 따른 완전한 삶의 실현으로서 최고 선이다.[20] 이때 행복은 인간적인 좋음들 가운데 최상이긴 하지만, 또 다른 측면에서 행복은 인간성에 고유한 것이 아니라 본성상 인간보다 더 나은 다른 존재, 즉 신성에 참여하지 않으면 불가능한 것이다.[21] 결국 아리스토텔레스에게 행복은 인간과 신이 공유할 수 있는 가장 좋은 삶을 의미한다. 이러한 행복은 결코 자연스럽게 오는 것이 아니라 인간이 애써서 성취해야 할 대상이다. 이 점은 스토아철학과 일치한다. 다만 스토아철학과 차이점이 있다면, 행복이 전적으로 인간의 내면적인 '덕'에만 의존하지 않는다는 사실에 있다. 아리스토텔레스는 행복이 덕의 소유를 넘어, 그 덕을 실현하는 데까지 이어져야 하므로 덕의 실현을 위해서는 반드시 요구되는 외적인 조건들, 예컨대 건강 · 부 · 행운 등이 전제되어

19  플라톤, 《고르기아스》, 478c~527C 참조.
20  아리스토텔레스, 《에우데모스 윤리학》, 송유레 옮김, 한길사, 2012, 제1권, 1219a.
21  아리스토텔레스, 《에우데모스 윤리학》, 1217a 참조.

야 함을 강조한다. 이에 반해 스토아철학은 외적인 조건이 충족된 상태라면 좋겠지만, 그렇다고 해서 외적인 조건이 행복에 지대한 영향을 끼친다고 보지는 않는다. 조건 그 자체는 좋지도 나쁘지도 않은 가치중립적인 성격을 지니고 있기 때문이다.

소크라테스나 아리스토텔레스처럼 스토아철학자인 세네카 또한 진정한 행복은 '덕'에 있음을 강조한다.[22] 세네카는 자연이 인간에게만 특별히 '이성적 사고 능력'을 부여했고, 인간 고유의 고결한 삶은 이성과 합치되는 삶을 의미한다고 보았다. 이 말은 우리가 이성에 합치하여 살면 내적 평온을 얻는다는 뜻이다. 이 내적 평온은 다른 것이 아니라 자신이 처한 환경을 담담하고 무심하게 받아들임으로써 획득된다. 따라서 부정적인 감정이나 그 경험을 제거하려고 안간힘을 쓰기보다는 그것을 면밀하게 검토하는 것이야말로 평온을 성취할 수 있는 하나의 방법임을 강조한다. 세네카에게 "행복한 삶이란 올바르고 확고한 판단에 기초하고 있어 동요하는 일이 없는 생활"[23]이며, "건전한 정신이 없이는 아무도 행복하지 못하고, 좋은 것 대신 해로운 것을 추구하는 자는 정신이 건전하지 못한 것이다."[24] 스토아철학자들은 '나에게 왜 이런 일이 일어난 걸까? 이 상황은 결코 나에게 일어나서는 안 돼!'라고 불만

---

[22] 루키우스 안나이우스 세네카, 《세네카의 행복론, 인생이 왜 짧은가?》, 200쪽 참조.
[23] 루키우스 안나이우스 세네카, 《세네카의 행복론, 인생이 왜 짧은가?》, 175쪽.
[24] 루키우스 안나이우스 세네카, 《세네카의 행복론, 인생이 왜 짧은가?》, 177쪽.

을 터뜨리기보다는 오히려 내게 주어진 상황의 진실을 직시하고 만족하면서 무엇이든 자신이 할 수 있는 가능한 조치를 취하는 것이 행복을 얻는 지혜로운 길이라고 말한다.

아우렐리우스M. Aurelius가 말한 다음의 인용문은 스토아철학의 행복론을 단적으로 보여 주는 좋은 예이다. "오이가 쓴가? 그러면 오이를 내려놓아라. 길에 가시덤불이 있는가? 한쪽으로 비켜 지나가라. 그걸로 충분하다. 세상에 왜 이런 일이 일어났을까? 하고 불평할 필요가 없다."[25] 그러나 자연의 법칙에 순응하는 아우렐리우스의 이와 같은 태도에 대해 쇼펜하우어A. Schopenhauer는 부정적인 반응을 보인다. 그는 스토아철학이 사람들에게 '체념과 결핍'으로 인해 오히려 행복을 추구하게 만든다는 점에서 옳지 않다고 비판한다. 왜냐하면 "평범한 인간은 체념과 결핍을 거쳐 행복을 추구하기에는 너무나 의지로 충만해 있기"[26] 때문이다. 진정한 행복은 인간이 깊이 체념하거나 힘겹게 자기 자신을 극복하지 않고서도 행복하게 살 방법을 제시할 때 비로소 주어진다는 것이다. 쇼펜하우어에게 행복은 인생에서 비교적 덜 고통스러운 상태에 있기를 희망하고 기대하는 것 이외에 다른 아무것도 아니다. 그런 의미에서 완벽한 행복이란 존재하지 않으며, 그것을 획득하는 것 자체가 불가능하다. 그러므로 그는 행복을 삶의 쾌락이나 기쁨에서 찾지

25  마르쿠스 아우렐리우스, 《명상록》, 범우사, 1994, 제8장, 50, 177.
26  아르투어 쇼펜하우어, 《행복의 철학》, 정초일 옮김, 푸른숲, 2001, 17쪽.

않고 오히려 '고통의 부재'에서 찾는다. 결국 쇼펜하우어에게도 행복이란 '불행의 부재' 혹은 '불행의 결핍, 박탈'로 규정되고 있으며, 그런 점에서 불행은 그저 '지양되어야 할 어떤 것'으로 이해되고 있음을 뜻한다.

이렇듯 철학자들은 행복에 대한 정의를 자기 나름의 이론과 환상을 가지고 다양하게 규정하고 있다. 앞으로도 계속 새롭게 규정하게 될 '행복'은 어쩌면 마르쿠제L. Marcuse의 말대로 "몇 세기에 걸친 이념과 가치관의 축적"[27]에 의해 형성된 결과물에 지나지 않을지도 모른다. 마르쿠제는 다음과 같이 우리에게 묻는다. 행복은 "손가락으로 가리킬 수 있고 느껴질 뿐만 아니라 눈으로 보고, 귀로 들을 수 있는 것이다. 행복은 모든 사람의 눈에, 목소리에, 코에, 입술에, 행동에서 드러난다. 그러므로 어느 시대에나 예술가는 행복에 관한 글을 쓰고, 행복을 그림과 조각으로 표현하고 또 음악으로 작곡한다. 손으로 만질 수 있고 눈으로 볼 수 있으며 귀로 들을 수 있다면 왜 행복은 정의되지 않는가?"[28] 그는 그 이유에 대해 '행복은…이다'라고 한정하는 강압적인 정의가 가장 큰 원인이라고 대답한다. 이러한 정의야말로 그것이 무엇이든 상관없이 행복에 이르는 길은 오직 한 가지밖에 없다는 오류를 범하는 것이며, 철학자들이 처방한 행복에 대한 정의는 모두를 위한 행복이

27 헤르베르트 마르쿠제, 《마르쿠제의 행복론》, 26쪽.
28 헤르베르트 마르쿠제, 《마르쿠제의 행복론》, 26~27쪽.

아니라 오직 그들만의 행복에 지나지 않는다는 것이다. 그 결과 나의 현실적인 행복을 그들의 행복과 일치시키며 살아가게 될 때, 우리는 필연적으로 불행할 수밖에 없다. 그들의 가르침은 평범한 우리가 도저히 따라갈 수 없는 무리한 요구이며, 현실과 동떨어진 매우 낯선 것이자 비범한 것들로 가득 채워져 있기 때문이다. 만일 우리가 이러한 행복의 '전형'을 나의 행복과 동일시한다면, 이는 자기기만으로서 나 아닌 다른 사람의 행복에 편승하고, 마치 그것이 나의 행복인 양 굳건히 믿었다가 결국 자기의 행복이 무엇인지도 모른 채 평생 불행하게 살다가 자기만의 고유한 행복은 놓치게 될지도 모른다.[29]

철학상담이 추구하는 것은 과거에 어떤 철학자가 정의한 행복에 관한 철학적인 '지식 습득'에 있는 것이 아니라, 지금 내가 행복해질 수 있는 '행복'이 무엇인지에 있다. 그러나 지금까지 행해진 대부분의 행복에 관한 정의는 타인의 행복을 전혀 고려하지 않은 "무배려의 산물"이거나 자신의 "신조 표명", 즉 철학자들이 "무엇이 자신을 행복하게 만들었는가를 고백"한 일종의 자서전적 독백에 불과하며, 행복한 삶의 역사도 "스스로의 행복을 탐구하고 발견한 사람들의 역사"에 지나지 않는다.[30] 다른 사람의 행복이 아닌 바로 자신의 행복을 발견하고 운명을 개척해 나가는 능력을 그 누

---

29  헤르베르트 마르쿠제, 《마르쿠제의 행복론》, 28쪽 참조.
30  헤르베르트 마르쿠제, 《마르쿠제의 행복론》, 28쪽.

구도 아닌 자기 자신에게서 찾을 수 있도록 도움을 줄 때, 철학상 담의 역할과 그 고유한 가치가 빛을 발할 수 있을 것이다.

여기서 발견되는 중요한 사실이 있다. 그것은 자신이 '갈 수 있는 가능한 길'과 '갈 수 없는 불가능한 길', 달리 말하면 '자신이 할 수 있는 일'과 '할 수 없는 일'을 자신에게 스스로 물어보고 과감하게 결단할 수 있어야 한다는 것이다. 우리 대부분은 자신이 할 수 없는 일까지도 기어이 할 수 있다고 자기를 속이고, 결국에는 해 내지 못하는 자신의 무능한 실체와 만나게 될 때, 불행감에 좌절할 수밖에 없다. 이러한 사실을 제대로 인식하게 될 때에야 비로소 다른 사람의 행복이 아닌 각자의 자질과 현실에 맞게 자신만의 고유한 행복의 변주곡이나마 연주할 수 있을 것이다. 우리는 각자 삶에서 자신이 이겨 내야 할 어려움과 현재 겪고 있는 주관적·내면적 문제가 각기 다를 뿐만 아니라, 그 문제를 대하는 정신세계도 각기 다르다.

"행복 처방을 원하는 사람은 새로운 삶을 시작할 처방을 원하는 사람과 동일하다"[31]는 마르쿠제의 말처럼, 행복 처방을 원하는 사람은 누구든 자기에게 진정한 행복이 무엇인지, 그 누구의 행복도 아닌 나의 행복이 무엇인지, 그 본질적인 물음 앞에 자기를 세우고 또 그 답을 얻게 될 때 비로소 새로운 삶의 출발선에 설 수 있다. 그렇지 않고서는 어떤 경우에도 우리는 근대성의 기획으로 새

---

31  헤르베르트 마르쿠제, 《마르쿠제의 행복론》, 29쪽.

로운 지배 공식이 되어 버린 '행복하라!'는 이데올로기적 요구로부터 벗어날 길이 없다.[32] "나의 행복은 나를 불안하게 만들고, 실현할 수 없는 온갖 명령들로 나의 존재에 해독을 끼치기"[33] 때문에, 행복이 오히려 인간을 불행하게 만드는 역설적인 일이 되어 버린다. 그로 인해 행복을 숭배하는 현대인들은 '불행'과 '불행이 아닌 것'을 혼동하게 되고, 사소한 불평마저도 비극적 차원으로 끌어올리고 있다.

## 피로: 긍정성의 과잉

《피로사회》에서 한병철은 20세기를 이질성에 대한 공격과 방어를 본질로 하는 '면역학적 시대'로 규정하고 오늘날의 시대, 21세기를 '신경증적 시대'로 진단한다. 신경증적 시대는 이질성Andersheit과 타자성Fremdheit의 소멸을 특징으로 하며, 여기서 발생하는 신경증적 질병인 소진증후군·주의력결핍과잉행동장애·우울증 등은 "전염성 질병이 아니라 경색성 질병"으로서 "면역학적 타자성의 '부정'이 아니라 긍정성의 과잉",[34] 즉 "아니라고 말할 수 없는 무능

32   파스칼 브뤼크네르, 《영원한 황홀》, 13쪽 참조.
33   파스칼 브뤼크네르, 《영원한 황홀》, 80쪽.
34   한병철, 《피로사회》, 문학과지성사, 2012, 12쪽.

함, 해서는 안 됨이 아니라 전부 다 할 수 있다"[35]는 낙관주의에서 비롯되는 21세기를 대표하는 질병들이다. 그에 따르면, 긍정성이 병리적 현상으로 나타나는 오늘날의 사회는 '타자성'이 강조되던 '규율사회'와는 달리, 타자로부터 해방된 자유와 탈규제적 이념을 내세운 '성과사회'이다. 성과사회는 규율사회에서의 '해야 한다 sollen'라는 '당위의 부정성'보다는 '할 수 있다können'라는 '긍정성'을 무한히 부추기는, 이른바 자기착취의 사회 혹은 '도핑사회'이기도 하다.[36] 현실을 왜곡해서 수용하는 이 긍정성은 때로 자신에 대한 좋은 이미지를 구축하고 자기 인생을 스스로 통제하고 있다는 생각을 가지게 함으로써, 타인들이 했던 좋은 말들만 선별해서 기억하고 부정적인 말들을 잊어버리며, 실패보다는 성공이 자기의 능력이라고 믿도록 착각하게 만든다.[37] 이렇듯 중단 없는 직진 행보가 우상이 되어 버린 성과사회에서 긍정성을 강조하는 가장 큰 이유는 긍정성이 부정성에 비해 훨씬 더 효과적으로 '생산성'을 높일 수 있기 때문이다.

자본주의 사회에서 최고의 미덕인 효율성을 극대화하기 위해 사회의 모든 영역, 즉 교육·출판·방송 등에서 긍정적 사고의 중요성을 주입하고 그 이점을 확대재생산하는 데 혈안이 되어 많은

---

35  한병철,《피로사회》, 93쪽.
36  한병철,《피로사회》, 23~25쪽.
37  줄리 K. 노럼,《걱정 많은 사람들이 잘되는 이유》, 한국경제신문, 2015. 37쪽 참조.

에너지를 긍정성과 낙관주의에 쏟아붓고 있다. 이런 분위기에 가세하여 긍정성에 대한 사람들의 믿음을 증폭시키는 데 일조하는 일등 공신은 긍정적 사고의 힘을 과대포장하며 낙관주의를 권유하는 일종의 자기계발서들이다. "자기계발서에서 통용되는 마법의 주문은 힐링이다. 힐링이란 효율과 성과의 이름으로 모든 기능적 약점, 모든 정신적 억압을 치료를 통해 깨끗이 제거함으로써 자아의 최적화를 이룬다는 것을 의미한다."[38] 그리하여 자기계발서는 자신이 처한 상황을 자신이 원하기만 하면 자신의 의지대로 뭐든 바꿀 수 있고, 그렇게 하는 것이 행복에의 전략이라는 사실을 우리에게 끊임없이 주지시킨다. 그러나 이와 같은 전략적 낙관주의가 모든 상황을 해결해 주지 못한다는 사실을 우리는 경험을 통해 너무도 잘 알고 있다. 앞서도 언급했듯이 자기계발서에서 처방한 행복에 관한 다양한 접근법은 인간에게 행복을 가져다주기보다는 오히려 행복해야 한다는 강박적 의무감으로 작용하여 우울증 환자나 사회의 낙오자를 더 많이 양산시키고 있다. 사회 전반에 퍼져 있는 과도한 긍정적 사고가 인간을 더욱 고립시키고 불행하게 만들고 있는 것이다. 현대사회에서 인간들이 느끼는 불행의 뿌리는 긍정성의 사고를 행복의 주된 원천으로 지나치게 강조함으로써 기인한다고 볼 수 있다.

그러나 이보다 더 심각한 문제는 성과사회가 암암리에 이와 같

---

38  한병철, 《심리정치》, 문학과지성사, 2015, 47쪽.

은 자기기만적 사고를 종용하고 부추기고 있음에도 불구하고, 사람들이 그러한 진의를 전혀 파악하지 못하고 있다는 데 있다. 그들은 긍정적인 사고를 맹신함으로써 '생산성'에 방해되는 불안이나 슬픔 등의 부정적인 감정들을 일시에 바로 제거해야 하는 불필요한 장애물로 착각하고 있다. 이때 잊지 말아야 할 중요한 사실은, 우리가 그토록 없애야 한다고 굳건히 믿고 있는 저 '부정성'이 오히려 인간 존재를 활력 있게 만들어 주는 '내적인 힘'으로 작용할 수 있다는 점이다. '부정성'은 단순한 무력감이나 혹은 불쾌한 경험과 감정을 의미하는 것이 아니다. 오히려 부정성은 브레들리F. H. Bradley의 말을 인용한 아도르노T. Adorno의 주장처럼, 모든 여건이 안 좋을 때 최악의 상태를 알게 하는 인식의 도구가 될 수 있다.[39] 실제로 사유는 고통의 부정성에 의해 촉발되고 그 깊이를 더함에도 불구하고, 성과사회가 저항 없는 긍정성을 더욱 강조함으로써 고통의 부정성을 밀어내고 축소해 버리는 결과를 낳고 있다.[40]

성과사회에서 부정성이 강조되어야 하는 이유는 한병철의 말대로 부정성이 "무위無爲'의 힘"[41]을 발휘하게 하는 생명력 넘치는 힘이기 때문이다. '무위의 힘'이란 '하지 않을 힘'이며, 이 힘은 긍정적 감정을 지나치게 추구하지 않는 사고나 행위, 즉 부정성의 힘

39 　테오도어 아도르노, 《한줌의 도덕》, 최문규 옮김, 솔, 1996, 119쪽
40 　한병철, 《고통 없는 사회》, 이재영 옮김, 김영사, 2021, 63쪽 참조.
41 　올리버 버크만, 《합리적 행복》, 24쪽 참조.

이 작용한 것이라고 할 수 있다. 실제로 무언가를 '할 수 있는 힘'으로서의 긍정성만 있고 '하지 않을 힘'으로서의 부정성이 없다면, 우리는 쉼 없는 활동의 과잉으로 인해 삶의 에너지가 완전히 방전되어 치명적인 탈진 상태에 빠지게 될 것이다. 긍정적 힘 혹은 긍정적 사고는 오직 쉬지 않고 계속 생각하기만을 허용하므로 여기서는 "영감을 주는 피로"이자 "부정적 힘의 피로"인 "무위의 피로"가 허용되지 않기 때문이다.[42] 그 결과 현대인은 "긍정적 힘의 피로"[43]로 규정되는 극도의 피로와 탈진 상태에 시달리게 된다. 이렇게 탈진된 심리 상태는 부정성의 결핍으로 인해 발생하는 성과사회의 특징적 징후이자 사회병리학적 현상으로 드러나게 된다.

결국 부정성이란 안간힘을 다해 행복해지려는 것 자체를 '중단하는 힘'이며, 바로 이 '부정성' 안에 '행복의 역설'이 숨겨져 있다는 사실에 있다. "불행해지는 방법은 아주 많지만, 편안해지는 방법은 딱 하나, 행복을 좇는 것을 그만두면 된다"[44]는 워튼I. Wharton의 말은 낙관주의 숭배가 너무 지나쳐 오히려 긍정성 자체를 망치는 역설적인 상황을 정확하게 표현한 것이다. 이때 중단하거나 그만둔다는 말이 삶의 포기나 후퇴를 의미하는 것은 결코 아니다. 그것은 행복에 단순히 매달리거나 부정성을 밀어내지 않으면서

---

[42] 한병철, 《피로사회》, 72쪽.
[43] 한병철, 《피로사회》, 71쪽.
[44] 이디스 워튼, 〈마지막 자산〉, 《이디스 워튼 단편선집》, 뉴욕, 2003, 65쪽.

내면의 생각과 감정에서부터 외부의 사건 및 상황에 이르기까지 인생의 모든 면을 전체적인 맥락에서 접근한다는 것을 의미한다. 그런 의미에서 부정성은 머릿속에서 만들어 낸 이야기에 지배당하지 않으면서 떠오르는 충동을 감지하고 사고하고 경험하는 것을 말한다.[45] "매사를 바로잡으려고 노력하는 것, 경험을 통제하려는 집착적인 노력을 그만두는 것, 불쾌한 생각과 감정을 즐거운 생각이나 감정으로 애써 바꾸려는 노력을 포기하는 것, 그리고 행복 추구를 멈춤으로써 보다 심오한 평화에 이를 수 있음을 자각하는 것이다."[46]

성과사회에서 특징적인 징후로 나타나는 우울증은 제한 없이 '할 수 있다'는 가능성과 '제한된 통제력' 사이의 충돌이 빚어 낸 정신질환이다. "자기 존재의 피로"[47]로 규정되는 우울증은 스스로 불행한 상황을 자기 의지대로 쉽게 바꿀 수 있다고 긍정적으로 사고하면서 주도권을 쥐어 보지만, 현실은 자신의 이상과 달리 뜻대로 이뤄지지 않을 때 생기는 질환이다. 그러므로 우울증에서 벗어나 평온으로 가는 길은 부정에의 길, 즉 자신의 통제력이 제한적이라는 현실을 수용할 때 비로소 가능해진다. 이는 스토아철학의 가르침처럼 우리가 통제할 수 있는 것은 거의 없다는 그 사실을

---

[45] 올리버 버크만, 《합리적 행복》, 84쪽.
[46] 올리버 버크만, 《합리적 행복》, 84쪽.
[47] 한병철, 《피로사회》, 98쪽.

수용하는 것이다. 자기 한계를 이해하는 지혜를 가짐으로써 비로소 우울증에서 벗어날 수 있다. 이때 주목할 점은 우리 대부분이 긍정적인 사고를 하도록 너무나 잘 길들여져 있어서 자신을 착취하고 쥐어짜는 일을 쉽게 종결할 수 있는 결단의 힘, 즉 무위의 힘을 발휘하지 못한다는 데 있다. 결국 탈진과 우울 상태에 빠진 성과주체는 타자가 아닌 바로 자기 자신에 의해 끊임없이 자기를 닦달하면서 불필요한 에너지를 소모한다. 이렇게 멈추지 못하고 끝없이 펼쳐지는 자신과의 처절한 투쟁으로 인해 사람들은 지치고 탈진해 버리지만, 자신이 속한 사회에서 낙오할까 두려워 이 고공행진에 브레이크를 밟을 수 없는 딜레마에 빠져 있다. 이런 상황을 벗어나야 하지만, 불행한 성과주체들은 자기 밖으로 나올 엄두조차 내지 못하고 자기 안에 똬리를 틀고 앉아 '난 할 수 있어!'라고 자기를 독려하고 스스로 부추기며 이를 악물고 버틸 뿐이다. 이러한 태도에서는 "고통을 주는 단절의 부정성이 없다."[48]

현대인의 우울증은 할 수 없는 일을 "종결시키는 결단력의 부재"로 발생하는 "자발적 자기착취의 병리학적 결과"[49]에 의한 질병이다. 이 질병의 특징은 한병철의 말대로 개인과 개인 사이의 상대적 경쟁으로 인한 것이 아니라, 그 경쟁이 다름 아닌 '자신과의 절대적 경쟁'으로 인한 것이다. 바로 여기에 문제의 심각성이 있

---

[48] 한병철, 《고통 없는 사회》, 15쪽 참조.
[49] 한병철, 《타자의 추방》, 이재영 옮김, 서울: 문학과지성사, 2017, 103쪽.

다. 타자가 아닌 자기 자신과 경쟁하면서 끊임없이 자기를 능가해야 한다는 강박증과, 자기 자신의 그림자를 추월해야 한다는 파괴적인 강박증에서 헤어나지 못하기 때문이다.[50] 그래서 사람들은 자신이 세워 놓은 목표 달성에 실패하면, 그것을 그저 단순히 나쁜 일이라고 가볍게 넘기는 것이 아니라 자신에게는 절대로 일어나서는 안 되는 끔찍한 일로 단정해 버리게 된다. 이러한 강박적 자기강요는 결국 비극적인 파국을 맞게 되는데, 이것이 바로 '긍정성의 과잉'이 낳은 부정적 결과이다.

성과사회에서 살아가는 현대인들의 비극은 자기 일에서 성과를 내기 위해 자신의 에너지가 완전히 고갈될 때까지 자기를 착취하고 닦달하는 데서 비롯된다. 그러다가 더 이상 긍정성의 힘이 발휘되지 못할 때, 자신을 쓸모없는 인간으로 비하하며 자책한다. 그러다 어느 날 자신이 짊어진 삶의 무게가 너무나 버거워 도저히 이를 감당할 수 없을 때, 스스로 목숨을 끊어 생을 마감하기도 한다. 안타깝지만 긍정성의 관점에서 보면 '이상적인 자아'에 비해 '현실적인 자아'는 자책밖에 할 수 없는 너무도 모자라고 무능한 인생의 낙오자로 낙인 찍혀 있기 때문이다. 그러나 이러한 현실이 참으로 아이러니한 것은 모든 외적 강제에서 벗어나 자유롭다고 확신하는 오늘날과 같은 긍정사회에서 오히려 사람들은 타자에 의한 강제가 아니라 바로 자기가 자기를 강제하는, 파괴적인 덫에

---

50  한병철, 《피로사회》, 101쪽.

걸려들어 꼼짝없이 지신을 질식시키고 있다는 것이다. 무능하고 부족한 자신을 원망하면서 말이다. 어떻게 해야 우리는 이 끔찍한 상황에서 벗어나 스스로 자유로워질 수 있을까?

## 행복 치유: '부정성'이 지닌 긍정의 힘

인간의 삶은 도저히 이해할 수 없는 부조리한 사건들로 가득 차 있다. 자신에게 일어난 이 부조리한 사건들을 어떻게 바라보고 다루느냐에 따라 한 개인의 행복과 불행이 좌우된다고 해도 지나친 말은 아니다. 일찍이 노발리스F. v. H. Novalis가 행복을 '운명을 개척해 나가는 재능'이라고 규정했듯이, 또 로마의 집정관 아피우스 클라우디우스Appius Claudius가 '사람은 각자가 행복의 대장장이'라고 했듯이,[51] 철학상담도 내담자 스스로 자신의 행복을 만들어 갈 재능이 자기 안에 있다는 전제로부터 출발한다. 철학상담에서 '행복 치유'는 내담자의 행복 능력을 후원하여 자신만의 행복을 찾아 고통의 질곡에서 해방될 수 있도록 돕고, 나아가 '부정성'이 지닌 긍정의 힘을 발휘하게 함으로써 내담자가 겪고 있는 삶의 문제를 올바로 직면하게 하고, 삶의 의미를 되찾을 수 있도록 돕는 데 있다.

우선 내담자가 자기의 행복 능력을 활성화하기 위해서 철학상

---

[51] 볼프. 슈나이더, 《진정한 행복》, 박종대 옮김, 을유문화사, 2008, 42쪽 참조.

담사는 내담자가 평소 생각한 행복에 대한 정의가 무엇인지, 행복에 대한 근본적인 생각을 형상화하고 구체화하는 단계에서부터 대화를 시작한다. 철학상담에서 내담자의 행복관을 검토하는 일은 무엇보다도 중요하다. 행복은 어떤 경우에도 긍정심리학에서 말하는 것처럼 객관적으로 정의되거나 실증과학적 통계를 통해 측정할 수 있는 간단한 개념이 아니기 때문에, 내담자 스스로 행복에 대해 자신만의 고유한 정의를 내릴 수 있도록 도와야 한다. 그러나 대체로 자신이 불행하다고 생각하는 내담자는 '긴장이 없는 상태'가 행복이며 행복감이 충만한 상태를 건강한 정신 상태라고 착각한다. 내담자는 자신의 불행이 어떤 경우에도 사라지지 않을 것이라는 단정적인 사고에서 벗어나지 못한 채 고착되어 있고, 행복은 불행이 저지된 상태나 혹은 불행의 중단으로 여기는 사고방식에 젖어 있다.

철학상담의 목표는 내담자가 겪고 있는 정화되지 않은 감정을 조절하는 데 있지, 이러한 긴장 상태로부터 도피시키거나 제거하는 데 있지 않다. 설령 내담자가 그것을 간절하게 열망한다 하더라도 이러한 긴장 상태를 완전하게 제거하는 일은 불가능하다. 오히려 철학상담사는 내담자가 용기를 내어 자기가 처한 긴장 상태의 불가피성을 받아들이도록 독려해야 한다. 왜냐하면 내담자가 자신이 처한 삶의 장애물을 모조리 없앤다고 해서(불가능한 일이지만 설사 그렇게 된다고 가정하더라도) 반드시 내담자에게 도움이 되는 것은 아니기 때문이다. 실제로 사람들이 행복을 추구하는 과정은 최고선이라는 어떤 고정된 목표를 향해 가는 것이 아니라, 스스로 매 순간 추구해 가는 끝없는 여정에서 찾는 것이며, 각자 걸어가야 할 그 여정은 때에 따라 고통이 수반되는 길이기도 하다. 철학상담에서 행복 치유는 내담자가 삶의 목표를 되찾고, 삶의 의미를 발견하고, 추구하는 곳에 숨겨져 있다. 행복 치유를 목표로 하는 철학상담은 내담자가 계속 자기 자신과 마주해야 하는 질문들, 곧 삶의 의미가 무엇이며, 삶을 지탱하는 기반이 무엇인가 하는 문제를 다룬다. 내담자가 이 질문에 대한 답을 찾아낸다면, 설령 내게 주어진 상황이 힘들다 하더라도 행복한 삶을 살 가능성이 있기 때문이다. 물론 여기서 말하는 부정성의 방법이 유일한 해결책을 제시하지 않는다는 것은 당연한 것이다. 다만 내담자가 자신이 처한 현실을 직시할 수 있게 하는 부정성의 중요성을 강조할 뿐이다.

행복 치유로 성공한 긍정심리학은 고대 그리스철학을 적극적으로 활용하여 행복한 삶의 특정 모델 개발(예를 들면, GAT: Global Assessment Tool)에 역점을 두고 있다.[52] 행복의 정치학이자 행복 공학으로서의 긍정심리학은 내담자가 자신이 가지고 있는 모든 능력을 동원하여 행복을 만개시키도록 돕는 데 주력한다. 이는 개인이 지닌 습관적 믿음을 바꿈으로써 감정을 바꾸는 기법이며, 이를 가능하게 하는 조건은 보편적 미덕이나 '성격의 강점character strength'을 파악하는 일이다. 긍정심리학은 "우리가 지닌 믿음과 해

---

[52]  마틴 셀리그만,《플로리시》, 물푸레, 2011, 192~203쪽 참조.

석이 어떻게 감정을 이끄는지를 이해함으로써 회복탄력성을 강화할 수 있다는 스토아철학적 사고와 함께 자신의 실수는 탓하지 않으면서 잘한 것은 인정하는 특유의 사고방식을 가르친다."[53] 이를 위해 셀리그먼M. Seligman은 기초적인 설문지를 사용하여 한 사람이 지닌 성격의 강점들을 과학적으로 수량화하여 그 강점을 향상시키면 고통받는 사람들에게 도움을 줄 수 있다고 주장한다. 이때 그는 좋은 삶에 대한 처방을 내리는 것이 아니라, 단지 좋은 삶이 어떤 삶인지를 묘사할 뿐이라고 주장한다.[54]

그러나 이러한 그의 주장과 의도에도 불구하고, 실제로 셀리그먼이 사용하는 '정서적 회복탄력성'을 가르치는 견본 프로그램은 좋은 삶에 대한 처방을 내리고 있다. 처음에 그가 의도했던 것과 달리 긍정심리학은 처방에 치중하고 있으며, 다양한 사람들이 겪고 있는 문제에 대한 결론을 지나치게 단순화하는 경향이 있다. 실제로 짧은 시간 안에 이루어지는 컴퓨터 설문을 통해 한 사람이 얼마나 행복한지 정확히 수량화할 수 있다고 장담하는 긍정심리학의 방법이, 내담자들이 각자 짊어지고 있는 삶의 고통을 감당하는 데 얼마만큼 도움을 줄 수 있을지 매우 의심스럽다. 그러나 이보다 더 심각한 문제는 고대 그리스철학을 실증과학이나 공학으로 바꾸려고 할 때의 위험성이다. 이는 에반스J. Evans의 비판대로

53  마틴 셀리그먼, 《낙관성 학습》, 물푸레, 2012, 참조.
54  줄스 에반스, 《철학을 권하다》, 서영조 옮김, 더퀘스트, 2012, 310~311쪽 참조.

"좋은 삶의 특정 모델이 타당하다는 것을 '입증'할 수만 있다면 그것에 대해 논쟁하거나 동의할 필요가 없다는 위험한 생각이 깃들어"[55] 있다.

에반스의 이와 같은 비판을 수용하는 철학상담에서의 행복 치유는 근본적으로 '좋은 삶'이 무엇인가에 대한 대화를 통해 행복을 바라보는 그릇된 편견과 고정관념을 걷어 내고 내담자 스스로 그것을 직접 검토하고 찾아 나설 때 실현된다. 행복의 진정한 모습은 슬픔과 고통을 무조건 제거해야 할 대상으로 보는 것이 아니며, '긍정심리학'에서처럼 긍정성의 강조가 어떻게 삶의 부정성을 활성화하는지를 증명하는 것 또한 아니다. 인간 삶에 기여하고 일상적·현실적 행복에 천착하는 철학상담은, 긍정심리학처럼 행복의 한 가지 비전을 사회 전체로 전파·주입하고 세뇌함으로써 좋은 삶을 지나치게 단순화할 때 오히려 해를 끼칠 수 있다는 사실에 주목한다.[56] 철학상담에서 좋은 삶이란 각자 정의 내린 방식에 따라 상이하게 달라지며, 바로 거기서 각 개인은 자신이 추구하는 진정한 삶의 가치를 발견하게 한다.

이런 점에서 이 글은 철학상담에서 긍정적인 사고도 중요하지만, 긍정적이며 낙관적인 사고가 모든 삶의 문제를 해결하는 만병통치약으로 작용하는 게 아니라고 한다면, 때로는 변증법의 바탕

---

55 줄스 에반스, 《철학을 권하다》, 315쪽.
56 줄스 에반스, 《철학을 권하다》, 317쪽 참조.

이 되는 '부정성'의 힘이 더 큰 힘을 발휘할 수 있다는 사실을 강조한다. 긍정성이 지나치게 강조되면, 사람들은 고통을 대하는 법을 잊어버린다. 내적인 존재 강화는 바로 부정성을 통해 자신의 삶 앞에 던져진 불행을 견딤으로써 각자의 영혼에 주어지기 때문이다. 부정성은 정신적인 자기 운동의 가장 내적인 원천이자 변증법적인 영혼으로서 정신의 생명에 양분을 준다. 그 이유는 자기 안의 타자가 부정의 긴장을 촉발하게 함으로써 정신의 활력을 유지하도록 도와주기 때문이다.[57]

헤겔G. W. F. Hegel에 따르면 정신이 힘이 되는 것은 오직 부정적인 것을 정면으로 응시하고 그 곁에 머무를 때뿐이다.[58] 이러한 머무름이야말로 부정적인 것을 존재로 역전시키는 마법이 된다.[59] 부정성에 머물 때 사람들은 비로소 그것을 소화하기 위한 정신 작업을 수행하기 때문이다. 철학상담은 바로 이러한 방식을 상담에 적용할 때 내담자를 효과적으로 도울 수 있다. 내담자가 부정성에 머무를 때 자신의 현실을 왜곡하지 않고 있는 그대로의 상황과 자신을 받아들일 수 있게 한다. 관조하는 정신은 근대적인 가속화의 압박으로 고요히 생각할 틈도 없이 자기를 몰아치며 닦달하는 방식이 아니다. 그것은 자신의 상황이나 문제점을 제대로 바라볼 수

---

57  한병철, 《투명사회》, 20쪽.
58  게오르크 빌헬름 프리드리히 헤겔, 《정신현상학 1》, 임석진 옮김, 한길사, 2005, 71~72쪽 참조.
59  게오르크 빌헬름 프리드리히 헤겔, 《정신현상학 1》, 72쪽 참조.

있도록 느리게 진행된다.[60] 빠름을 통해서는 그 어떠한 것도 체험하지 못한다. 진정한 의미의 사유는 시간을 압박하지 않을 뿐만 아니라 임의로 그 속도를 높이지도 않기 때문이다.[61] 여기서 철학상담사의 역할이 분명히 드러난다. 철학상담사의 역할은 내담자가 자신을 왜곡하지 않고 있는 그대로의 자신을 바라볼 수 있는 부정성의 능력을 후원할 수 있도록 돕고, 나아가 그 힘으로 불행과 고통에 대한 관점을 바꾸고 일상의 삶으로 돌아갈 수 있도록 돕는 데 있다.


## 나가는 말

이상으로 철학상담적 관점에서 긍정성의 과잉이 불러오는 부작용과 진정한 행복이 무엇인지 각자 자기 나름대로 찾을 방안을 부정성의 힘을 통해 모색했다. 이 글은 자본주의 사회에서 대부분의 사람들이 행복을 추구하면서도 행복하지 못한 이유에 대해, 행복에 대한 잘못된 인식 혹은 '행복해야 한다'는 강박증으로 인해 오히려 불행해진다는 사실을 지적하면서, 그러한 인식과 강박증에서 벗어날 때 비로소 내담자가 자신의 문제를 제대로 바라볼 수

---

60  한병철, 《투명사회》, 20쪽 참조.
61  한병철, 《시간의 향기》, 김태환 옮김, 문학과지성사, 2013, 173쪽 참조.

있는 눈을 가질 수 있음을 밝히고자 했다. 만일 행복이 인생의 힘겨운 상황에서 기대하지 않았던 것, 전혀 예상하지 못했던 것을 통해서만 얻어지는 '놀라움'의 순간이라면, 그래서 행복은 기다릴 줄 아는 사람에게만 다가오는 것이라면, 지금 처한 자신의 상황을 '인내심'을 가지고 감당해 나갈 정신적인 강인함과 사색의 관조적 능력이 요구된다. 이러한 정신적 강인함이나 관조적 능력은 긍정 심리학에서 주장하는 긍정성과 낙관주의적 사고를 통해서는 결코 획득하기 어렵다. 긍정성은 안락한 감정들, 단순한 감정들에 너무 쉽게 길들어져 있어서 어떤 상처도 자신에게 허용하지 않으려는 힘이기 때문이다. 그러므로 행복 치유를 지향하는 철학상담은 행복에 대한 철학적 접근을 다각적으로 탐구하게 하고, 내담자가 자신에게 맞는 삶이 좋은 삶이자 진정 행복한 삶이라는 사실을 통찰하게 함으로써, 행복한 인생이란 그저 강렬히 체험되는 순간들만으로 이루어질 수 없다는, 진부하지만 그 누구도 거부할 수 없는 진리를 내담자에게 인식시키는 데 목표를 두어야 한다. "행복이 영구히 지속되는 고통 없는 삶은 더 이상 인간의 삶이 아니며",[62] "삶의 부정성을 억압하고 내쫓는 삶은 자기를 스스로 제거"[63]하기 때문이다.

---

62  한병철, 《고통 없는 사회》, 93쪽.
63  한병철, 《고통 없는 사회》, 93쪽.

# 참고문헌

게오르크 빌헬름 프리드리히 헤겔,《정신현상학 1》, 임석진 옮김, 한길사, 2005.

루키우스 안나이우스 세네카,《세네카의 행복론, 인생이 왜 짧은가?》, 천병희 옮김, 숲, 2005.

마르쿠스 아우렐리우스,《명상록》, 범우사, 1994.

마틴 셀리그만,《플로리시》, 물푸레, 2011.

_____,《낙관성 학습》, 물푸레, 2012.

_____,《긍정심리학》, 김인자 옮김, 물푸레, 2009.

볼프. 슈나이더,《진정한 행복》, 박종대 옮김, 을유문화사, 2008.

블레즈 파스칼,《팡세》, 홍형민 옮김, 삼성출판사, 1994.

아르투어 쇼펜하우어,《행복의 철학》, 정초일 옮김, 푸른숲, 2001.

아리스토텔레스,《에우데모스 윤리학》, 송유레 옮김, 한길사, 2012.

올리버 버크만,《합리적 행복》, 정지인 옮김, 생각연구소, 2013.

이디스 워튼, 〈마지막 자산〉,《이디스 워튼 단편선집》, 뉴욕, 2003.

줄리 K. 노럼,《걱정 많은 사람들이 잘되는 이유》, 한국경제신문, 2015.

줄스 에반스,《철학을 권하다》, 서영조 옮김, 더퀘스트, 2012.

지그문트 프로이트,《문명 속의 불만》, 김석희 옮김, 파주: 열린책들, 1997.

파스칼 브뤼크네르,《영원한 황홀》, 김웅권 옮김, 동문선, 2001.

플라톤,《고르기아스》, 김인곤 옮김, 이제이북스 2004.

테오도어 아도르노,《한줌의 도덕》, 최문규 옮김, 솔, 1996.

한병철,《피로사회》, 문학과지성사, 2012.

_____,《시간의 향기》, 김태환 옮김, 문학과지성사, 2013.

_____,《타자의 추방》, 이재영 옮김, 문학과지성사, 2017.

_____,《고통 없는 사회》, 이재영 옮김, 김영사, 2021.

_____,《심리정치》, 문학과지성사, 2015.

헤르베르트 마르쿠제,《마르쿠제의 행복론》, 황문수 옮김, 범우사, 1988.

Airane. Barth, "Ein Hauch, ein Fluß, ein Schweben Spiegel-Rdeakteurin Ariane Barth über die Erforschung des Glücks", *Der Spiegel* 53, 1992.

Duden, 7. Aufl. Mannhaim/Leipzig/Wien/Zürich, 2007.

Peter Vernezze, *Don't Worry, Be Stoic: Ancient Wisdom for Troubled Times*, University Press of America, 2005.

Willhelm Schmid, *Glück, Alles, was Sie darüber wissen müssen, und warum es nicht das Wichtigste im Leben ist*, 14. Aufl. Frankfurt am Main/Leipzig, 2015; 빌헬름 슈미트, 《살면서 한번은 행복에 대해 물어라》, 안상임 옮김, 더좋은책, 2012.

# 피로 철학상담

2023년  2월 28일 초판 1쇄 발행


지은이 | 김선희 박병준 이기원 이진오 홍경자
펴낸이 | 노경인 · 김주영




펴낸곳 | 도서출판 앨피
출판등록 | 2004년 11월 23일 제2011-000087호
주소 | 우)07275 서울시 영등포구 영등포로 5길 19(양평동 2가, 동아프라임밸리) 1202-1호
전화 | 02-336-2776  팩스 | 0505-115-0525
블로그 | bolg.naver.com/lpbook12
전자우편 | lpbook12@naver.com




ISBN 979-11-92647-08-1